温州大典

歷代古籍編

經部

影鈔元刊本六書故

〔宋〕戴侗撰

第六册

中華書局

六書故

二十七卷之二十八完

工事三之四

佐

區

六書故弟二十七

永嘉戴侗

工事三

匚器之爲方者也取象於巨匚省文說文曰匚受物之器象形𠥱籒文孫氏府良切按曲可受物匚形側非受盛之器

匚之會意

區豈俱切說文曰踦區藏匿也从品在匚中品衆也按書傳之

用區之義爲區分子夏曰區㠯別矣从匚
而三區之也（非从匸）故爲區域區落書云用
肇造我區夏揚雄傳曰有宅一區汜勝之
爲區種洛皆由此義而引之也故言徧小
者曰區區傳曰宋國區區僭爲踦區之區
令佗崎嶇又烏溝切量名傳曰亝舊三量
豆區釜鍾三外爲豆三豆爲區

匠

匠疾亮切攻木之工也伯[illegible]从工从斤

医

医於計切說文曰盛弓矢器也引厽語曰兵不解医說文从匸按鳖原父旻張中医銅器有蓋識文作□正从□匸之轉注

曲

曲丘玉切說文曰象器曲受之形□古文又作□說文曰□骫曲也按此本曲直之曲𡳿義

於亙从玉者又鐕㠯玉轂也曲能有容故爲受物之器爲曲薄之曲月令季春具曲植筥匚漢書曰織薄曲康成曰曲薄也許氏曰葦薄爲曲也蓋所㠯盛蠶別作苖笛樂轂之一兵詘如也故謂之樂曲漢書吹洞𠙼自度曲匚之鐕轂

匡

𠥓匡匩去王切受盛方器也詩曰亏㠯盛

之維匡及筥毛氏曰方曰匡圜曰筥易曰女承匡詩云承匡是敂别作筐因之爲匡正匡輔書曰臣下不匡其刑墨又曰尚賴匡救之悳又曰匡其不及

匧

匧苦劦切藏衣笥也别作篋

匪

匪非尾切匡類也别作篚說文曰車笭也按說文侣吕爲箱匡匪如今所謂箱皆吕弄器幣相授受匧笥

則有蓋以藏僣義之用匪與非同

匰　匱

匰都寒切周官司巫祭祀共匰主說文曰宗廟藏主器也

匱求位切藏器也說文匱匣也匣匱也匵亦匱也別作櫃鐀按今通以藏器之大者爲匱次爲匣小爲匵語曰虎兕出於柙龜玉毀於櫝中匱之僣義爲匱竭詩云孝子不匱傳曰勤則不匱

匣　匵　匭　匴　匯

匣 胡甲切藏器也亦作柙又作祫説文曰祫劒柙也

匵 徒谷切盛器也亦作櫝説文又曰大梡也

匭 居洧切匵也

匴 蘇管切士冠禮爵弁皮弁緇布冠各一

匴 康成曰古文作篹説文曰盝米器也

匯 胡罪切説文曰器也書曰東匯澤於彭蠡孔氏曰回也

匳

匳力鹽切顧埜王曰盛香器也別作奩籢說文曰籢鏡籢也

匶

匶巨救切棺有尸曰匛記曰在牀曰尸在棺曰匛別作柩

匸

匸說文曰衺傒有所俠藏也从乚上有一覆之讀與傒同乚匿也象迟曲隱蔽形讀若隱按乚未成字疑匸即匚也

匸之龤殼

匿

匿女力切隱藏也

匽　㔷　匹

匽於蹇切隱曲也周禮曰爲其井匽康成曰匽豬霤下地傳曰規匽豬匸也疑

㔷盧候切說文曰側逃也从匸丙聲一曰笥屬徐鉉曰丙非聲當从内疑傳寫之誤

匹普吉切說文曰四丈也从八匸八揲一匹八亦聲按布帛二丈爲端兩端爲匹故引之爲匹配

爲匹敵

車 車𨏥斤於昌遮二切人所載也象兩輪輈軸㠯形車省文

車㠯象形

軎 亐歲切杜林曰車軸端也象形又作轊史記㞢田單令宗人盡斷其車軸末而傅鐵籠安平城壞㞢人走爭塗㠯轊折車敗

徐廣曰軸頭也又作轊

軎之會意

毄

毄吉歷切車軎相毄也凡車竝驅則軎好相毄所謂轂擊毄也又作轚說文曰車轄相擊也

車之指事會意

輦

輦力展切車用人挽者也从二夫輓車扶亦聲周官巾車曰輦車組輓康成曰爲輇輪人輓之㠯

軍　轟　連

行

傳曰南宮萬㠯乘車輦其母

軍舉云切包車爲軍營陳之義也周官萬二千五百人爲軍

轟呼宏切衆車聲也別作輷

車之會意

連力延切車行相聯也鄭敷仲曰又力展切易往蹇來連陸氏力善切王氏曰往來皆難也馬氏曰難也鄭氏如字遲久之意今人亦有連蹇之

輿

言按易往蹇來連當作實也往則蹇來則連連非蹇難也

車之䶮䡔

𨏥弋諸切車中人所載也匡而三合者曰軫軫加於轐轐加於軸𨊠有式有軓夂又有輢有較有軹有轛考工記曰輿人爲車輪崇車廣衡長參如一輪崇六尺有六寸輿之廣亦如之古所謂六尺輿也乘車者

士大夫也晉文公聽輿人之誦采士大夫之衆論也故輿有衆義易曰師或輿尸凶又作轝軥非又吞轂詩云吁嗟乎不承權輿爾雅曰權輿始也䟽曰權輿者天地之始也天圜而地方因名云舅駟曰權度之始也輿車之始也按權輿之義蓋闕衆說皆未安

軫

軫章忍切輿三面木匡合成輿者也說文曰車後橫木也鄭康成說同考工記曰軫之方也㠯象地

也又曰六尺六寸之輪軹崇三尺有三寸加軫與轐焉三尺也康成曰軫輿也又曰輪人爲蓋弓長六尺謂之庇軹五尺謂之庇輪三尺謂之庇軫又曰五分其軫閒吕其一爲之軸口按軫乃輿三面木獨吕爲輿後橫木者誤也使軫獨爲輿後橫木則不复言方吕象地且軫之兩旁木加於轐轐加於軸故曰加軫與轐爲三尺若輿後橫木安能加轐軸之上乎且庇軫庇輿庇軹皆指外又兩旁而言非指輿後明矣況佐

記言五分其軫間㠯其一爲之軸口㢘成
曰軸口一尺三寸五分寸之一葢軫乡又
兩間六尺六寸也若獨爲輿後木則不㝵
言間奚㢘成於軫口旣謂之車後橫木於
加軫輿轐則又通謂之輿葢其說不通故
不免於自變也㢘成之誤由不察任正衡
任之名㠯任正爲輿下三面材持車正者
故獨㠯軫爲輿後橫木也考工所記輪人
之事專言輪轂輻牙之法度輈人之事專
言輈輮軸之法度輿人之事則言輿軫軾
較之法度初不相叅葢所謂任正者輈也
衡任者軸也任正者十分其輈之長㠯其
一爲之口卽所謂十分其輈之長㠯其一
爲當兔之口者也衡任者五分其長㠯其

軾

一爲之口即所謂五分其軫閒㠯其一爲之軸口者也輈與軸皆任輿者也故謂之任木安𡕒於輈人之事而論爲輿三面之度者歺偺其轂爲軫轉之軫琴下轉絃者因謂之軫別作⿰車眞

軾謏職切輿旁所馮也古單作式考工記曰參分車廣去一㠯爲隧參分其隧一在前二在後㠯揉其式㠯其廣之半爲之式崇康成曰兵車之式深尺四寸三分寸之二高三尺二寸

較

較訖岳切考工記曰㠯其隧之半爲之較崇又曰六分其廣㠯其一爲之軫口叅分軫口厺一㠯爲式口叅分式口厺一㠯爲較口康成曰兩輢上出式者兵車自較而下凡五尺五寸故書較爲榷杜子春云當爲較疏曰較車輿兩相今人謂之兮鬲較之兩端皆置輢上按式崇三尺三寸較崇二尺二寸鄭氏謂自較而下五尺五寸則較又出於式上也詩曰猗重較兮亦作較說文曰較車輢上曲銅也爻聲徐廣曰較在箱上通

轛

俗文曰車箱爲較借爲較競之較與角通孟子曰魯人獵較孔子亦獵較又居效切比較也與校通

轛都内切又朱衛切考工記曰參分較囗去一㠯爲軹囗參分軹囗去一㠯爲轛囗鄭司農曰轛讀如繫綴之綴謂車輿軨立者也立者爲轛横者爲軹書轛或作軨康成曰轛式之植者衡者也謂轛者㠯其鄉人爲名說文曰車横軨也

軨　輢　轖　軓　輪

軨郎丁切記曰君車已駕則僕展軨說文曰車轖閒橫木也司馬相如說或從轜盧氏曰車轄頭靼也舊云車闌也按轄頭靼之說非楚辭曰倚結軨兮長太息朱子曰軾下从橫木

輢於綺切說文曰車旁也

轖殺測切說文曰車籍交錯也

軓陟棗切說文曰車兩輢也俗爲專軓之軓

輪力屯切車所任㠯轉也考工記曰凡察

車之道必自載於地者始是故察車自輪始乘車兵車之輪皆六尺有六寸田車之輪六尺有三寸中爲轂外爲身三十輻直指轂身之中輪旣成毌之㠯軸加軫與轐焉輿所載也所謂衡任者也加輈馬後㠯承輿𡍮㠯駕馬所謂任正者也

轂

轂古祿切輪之中爲轂空其中軸所毌也

三十軸湊其外蔡邕曰重轂者轂外復有一轂抱轄其外乃復轄抱銅置其中東京賦曰重輪貳轄疏轂飛軨

輻

輻方六切輪中爪上湊於轂下植於身者也又作輹周易小畜之九三曰輿說輻大畜之九二曰輿說輹大壯之九三曰壯于大輿之輹說文曰輻輪轐也輹車軸縛也按易說輻一作輻一作輹

轐

轐僕沃切輻也蓋弓亦謂之轐

輞　轄

輞文紡切身也

轄下瞎切又作舝詩云載脂載舝陸氏曰軸頭金也又曰閞關車之舝兮傳曰巾車脂轄說文曰車聲也非一曰鍵也又作鎋漢陳遵飲客輒取客車轄投井中士喪禮主人乘惡車木錧鄭氏曰令文作鎋按轄即錧錧猶管也轂空裏之㠯金如管也管轄之義取此車行必脂其轄㠯利

軑　　軧　　輴

轉也史記曰豨膏棘軸所㠯爲滑也軸轄相切有轂故曰⿵門肙關車之韋

軑犆計切說文曰車輨也楚辭曰亝玉軑而竝馳朱子曰轂內之金也一曰轄也一說韓魏謂輪軑

軧渠支切詩云約軧錯衡毛氏曰長轂之軧也朱而約之說文曰或作軝

輴丑倫切記曰君大夫葬用輴鄭氏曰當爲輇或作

輲　輇

圛又曰天子龍輴而槨幬諸侯輴而設幬或作軕說文軕車約軕也引周禮孤乘夏軕此㠯篆爲軕也又曰下棺車也此㠯輴爲軕也

輲記曰大夫之喪載㠯輲車鄭氏曰讀爲輇或作槫引說文無輻曰輇周官又有蜃車天子載匛蜃輇聲相近其制同乎輇崇蓋半乘車之輪孫氏市緣切

輇敕倫淳沿二切說文曰蕃車下庳輪也又曰有輻曰輪無輻曰輇讀若饌孫氏與輲爲一字禹曰予乘三載孔安國曰泥乘輴淮南子曰泥之用輴尸子曰行塗㠯輴史記曰泥行乘橇河渠書曰泥行蹈毳

伯

孟康曰橇形如甘擿行泥上按擿行泥上非公兵之載毳橇與輴聲相近作輴者是輴𨊻輇橇特一字輴不諟輻

輛 說文曰壑利㠯行泥故澤行用輴也**輛**車也孫氏如之切別作輭輀按輲輭輀一字之譌輴輲輇一聲之轉其實一字也葢輪之無輻者也載重之車三輪而庳故不諟輻

軸

軸 直六切車衡任待輪者也考工記曰衡任者五分其長㠯其一爲之口小於度謂之無任五分其軫閒㠯其一爲之軸口軫

軹

閘六尺六寸軸口一尺三寸亙分寸之一說文曰由聲徐鍇曰當从冑省聲按妯里之妯說文亦曰由聲迪笛皆㠯由爲聲由之本義雖不可知然迪亦有辻谷之音詩云弗求弗迪是顧是憂迪與憂劦又笛亦从篴㠯逐爲聲蓋古實㠯由爲聲徐氏之說非也雖改爲冑其聲猶不劦引之則凡杼軸之類皆曰軸小雅杼軸用橘柚之柚非

軹掌氏切考工記曰六尺有六寸之輪軹崇三尺有三寸鄭司農曰軎也康成曰轂末也曰輪人爲

輪五分其轂之長去一以爲賢去三以爲軹鄭司農曰賢大穿軹小穿也康成曰凡大小穿皆謂金也又曰蓋弓長六尺謂之庇軹康成曰轂末也輿廣六尺六寸兩轂併六尺三寸旁減軌内七寸則兩軹之廣凡一丈一尺六寸也又輿人爲車參分較囗去一以爲軹囗康成曰輢之植者衡者也按考工記有兩軹其一爲輪人之事其一爲輿人之事康成以爲轂末又以爲小穿又以爲輢之植者衡者不應一名而三物其實軹者軸兩端之名杜子春謂之轊鄭司農謂之

軎軎卽轊也此說近之軸端必出於轂軹疑所㠯限轂之脫軸當輪中故其崇半於輪軹在轂外故蓋弓之冣廣者庇軹康成謂賢爲大穿軹爲小穿大穿徑八寸餘小穿徑四寸有餘軸在轂中者末銳本大恐不利於轉且有脫軸之患矣況又分軫閒㕘一㠯爲軸口軸徑才三寸餘而大穿乃八寸餘亦不相當未可曉輿人之軹恐他字之譌不應一車而名物貿亂也

軌

軌矩有矩洧二切記曰車同軌考工記曰涂度㠯軌康成曰軌謂轍廣乘車六尺六寸旁加七寸轍廣凡八尺旁加

七寸者輻內二寸半輻廣三寸半綆三分寸之二金轄之閒三分寸之一詩云濟盈不濡軌雉鳴求其牡毛氏曰由輈已上爲軌陸氏曰舊龜美切謂車轊頭也依毛氏傳意空音犯朱子曰軌居美切居有切車轍也記曰在車則以執鑾又受轂祭以又軌范康成曰大馭祭兩軹祭軌軌與軹同謂轊頭也軌與范同軾前也按軌九聲於詩軌與牡協朱子已旻其音但已軌爲車轍則有瀰濟盈不應不能不濡轍此毛氏[illegible]所已與就其說而陸氏又欲與就其音也其實軌乃轂當身中契於轂者轊頭之見近

轐

之而非也軌正當八尺之中若轊則在轂末不止於八尺矣古之爲涂者度之㠯軌涂必同軌然後車無所不通故王道之行則天下之車同軌八尺爲軌不可損益之制也故因之而爲軌度軌量之義八尺爲軌輿廣六尺六寸兩旁各餘七寸㠯容轂也

轐步木切又音木考工記曰六尺有六寸之輪軹崇三尺有三寸加軫與轐焉三尺也

鄭司農曰讀如𨊻僕之僕謂伏兔也康成曰軫與轐并七寸軸圜故加轐使𢍰㠯安軫狀如伏兔也轐猶𡩟𤘵也

輈

輈張流切車任正長木後承輿𦟝加於衡者也考工記曰凡任木任正者十分其輈之長㠯其一爲之口十分其輈之長㠯其一爲之當兔之口康成曰輈當伏兔者 𠫭分其兔口一㠯爲頸口康成曰頸𦟝持衡者 五分其頸口𦟝

一㠯爲踵口康成曰踵後承軫者國馬之輈深三尺有七寸田馬之輈深三尺駑馬之輈深三尺有三寸軓前十尺而策半之康成曰輈軓前十尺與隧三尺三寸凡丈三尺三寸凡輈自軓㠯前弧曲穹隆前句於衡其狀如梁故詩云五楘梁輈也國馬八尺兵車乘車軹崇三尺三寸輈深三尺七寸衡高八尺七寸除馬之高餘七寸爲衡頸之閒

軓

軓又汎切考工記曰軓前十尺而策半之

轅

亦作軏鄭司農曰軓謂軾歬也書或作軏康成曰軏法也謂輿下三面之才又曰自伏兔不至軓七寸軓中有灂謂之國輈康成曰自伏兔至軓葢如軾深軾深一尺三寸三分寸之二又大馭乡軓轡又祭兩軹祭軓乃飲故書軹爲軒軓爲範杜子春曰軓當爲軏軏謂車歬軾說文曰車軾歬也按軓中有灂謂之國輈軓與輈明非二物鄭司農軾歬之說是也康成輿下之說誤矣

轅亐元切輈自軓㠯歬爲轅

軶　軥

軶於革切衡也轅端謾木衡加於兩服故謂之衡也耕者㠯曲木加於牛項亦謂之軶

軥古侯其俱二切說文曰軶下曲者傳曰弢兩軥而還杜氏曰車軶卷者服虔云車軶兩邊叉馬頸者又曰弢之中盾戹由朐太軥杜氏曰朐軶也本又作軥漢書曰乘不過軥半

輗　軏　轙　轍

輗吾雞切語曰大車無輗小車無軏其何以行之哉說文曰大車轅端持衡者朱子曰轅端衡木縛軛以駕牛者按轅端衡木即衡也輗乃持衡者大車載重岐衡故持衡者與小車不同別作棿輊

軏負厥切說文曰轅端持衡者孫愐曰轅端曲木也朱子曰曲鉤衡者

轙語綺切說文曰車衡載轡者或作钀

轍直削切兩輪所躐迹也傳曰周行天下必皆有車轍馬跡馬轍由軌出者也故轍

輔

亦謂之軌孟子曰城門之軌兩馬之力與通作徹說文曰軌車轍也無轍字又作蹤列子曰繩墨弭蹤殷敬順曰迹也

輔扶甫切詩云其車既載乃弃爾輔無弃爾輔員于爾輻朱子曰若今人縛大於輻以防輔車傳曰輔車相依說文曰輔頰車杜氏曰輔頰輔車牙車二說皆非輔人人車甫聲㠯詩考之維持車者也故引之爲輔弼輔左之義夵聲別作䡩兩頰因謂之輔昜

軜　輅

曰咸其輔頰舌別作䑛

軜諾荅切詩云龍盾之合沃以觼軜毛氏曰驂内轡也說文曰驂内轡繫軾前者未詳

輅洛故切說文曰車軨前橫木也各聲徐鉉曰各非聲當从路省旣夕禮賓奉幣當前輅北面致命康成曰輅轅縛所以屬引周官巾車王之五路玉金象革木金路而下以封王后亦五路孤卿而下皆曰車

輜

傳曰叔孫豹如周聘王賜之路及卒收㠯路葬南遺謂季孫曰冢卿無路介卿㠯葬不亦少乎路乃王所之車其制不傳古單佐路後人改从車又音迓與迓訝御通用

輜莊持切載重車前後屏蔽也漢書曰君母出則乘輜軿李頤曰君子行不離輜重

說文曰軿車前衣車後也字林曰載衣物車前後皆蔽若今庫車

軿　軘　輂　　輣　轒

軿蒲眠切又旁經切說文輜車也類篇曰婦人車三面屏蔽者

軘徒魂切傳曰使軘車逆之說文曰兵車也

輂居玉切周禮曰作其同徒輂輦說文曰大車駕馬也康成曰輂駕馬輂人輓所㠯載任器也又作轝說文曰直轅車蕢也又作檋史記曰山行乘檋徐廣曰一音橋按徐音非

輣蒲庚切漢書作輣車鍛兵說文兵車也徐廣曰戰車

轒符分切六韜曰攻城則有轒轀臨衝揚

雄賦曰磅轒轀說文曰淮陽名車穹隆爲轒車

轀

轀烏魂切轒轀車名又作輼見轒下又轀輬車名

輬

說見輬下

輬呂張切楚辭曰脊輕輬之鏓鏓史記始皇崩祕之棺載轀輬車中說文曰臥車也孟康曰如衣車有匈牖可開闔故曰轀輬也

軺

軺丁聊切又餘招切說文小車也爾雅曰柳車也一說輕車也

轈　軒

轈仕限切。傳曰：毋以寢於轈中。杜元凱曰：士車也。林氏曰：臥車也。又作輚。古單作棧。詩云：有棧之車。毛氏曰：役車也。鄭氏曰：輦者也。周官士乘棧車。康成曰：不革鞔而桼之。

軒虛言切。車歬高也。傳曰：衛懿公好鶴，鶴有乘軒者。又曰：歸夫人魚軒。又曰：乘軒者三百人。說文曰：曲輈藩車也。杜氏曰：大夫車也。凡歬高曰軒，歬下曰輊。詩曰：戎車既安，如輊如軒。周禮

軽　輶　輕

曰諸兵軒縣曲縣三面而虛其肻如軒也

軽陟利切車肻下也古通作摯別作𨏥說文曰抵也

車肻重也又作𡑞轋

輶夷周切輕車也詩云輶車鑾鑣毛氏曰輕也

又曰悳輶如毛

輕牽盈切輕車也引之爲輕重之通名又

去聲

輈　輤　輁

輈之由切喪禮忠兵一乘軒輈中說文字林皆曰重也康成曰摯也

輤倉甸切記曰諸侯行而死於道其輤有裧緇布裳帷素錦以爲屋大夫以布爲輤士輤葦席以爲屋康成曰輤載匛將殯車飾也取名於櫬與蒨讀如蒨旆之蒨櫬棺也蒨染赤色也將葬車飾曰柳輤象宮室屋其中小帳覆棺者

輁陸氏九勇切既夕禮興于祖用軸又曰夷牀

輯　載

輁軸𩛁亐函階東康成曰軸輁軸也軸狀如轉轔剡兩頭爲軹輁狀如長牀穿桯前後著金而關軹焉或作拱

輯秦入切先人曰合才爲車咸相㝵謂之輯輯和合也僭爲輯丈之輯歛也記曰子有王命則吝丈國君之命則輯丈一曰七入切

載作代切車載人物也引之則記載於篇冊者亦曰載古者呂季紀事故季亦謂之

輸　轉　輓

載所載之物爲載䡍代切詩云載輸爾載

詩云上天之載無聲無臭揚雄賦上天之縡師古曰事也

讀與載同又爲發語辭

輸式朱切頃送所載也

轉陟兗切輪回也引之爲轉運之轉去聲

輓武反切周禮曰輂車組輓所用㠯挽車

者也與挽通

軷　轢　輾

軷蒲葛切又蒲蓋切詩云取羝以軷毛氏曰道祭也周官大馭及犯軷王自左馭馭下祝登受轡犯軷遂驅之聘禮釋軷祭酒脯康成曰行山曰軷封土爲山象以菩說文曰艸也孫氏步乃切芻棘柏爲神主既祭以車轢之而去說文曰出叔有事於道必先告其神立壇四通樹茅以依神爲軷既祭犯軷轢牲而行

轢郎擊切車所陵歷也別作轣轝

輾女展切車輪轉轢也以金石爲輪以輾

轔　軋　軼

物者因謂之輾亦作碾又作輾破榐又知輦切

與展通

轔離珍切車聲也古單作鄰詩云有車鄰鄰又去聲轢也古單作粦又作轥

軋乙轄切載重蹍軋有聲也

軼达結切車侵突也又弋質切說文曰車相出也引之爲犇軼

轠　輠　輥

轠盧回切車輪輥轢也揚雄賦曰爲⿱𭕄⿱冖电所

轠

輠古火切又胡瓦胡筦古本三切記曰輪人㠯其丈關轂而輠輪陸悳明曰回也史記曰炙轂過髡罣向別録過作輠輠者車之盛膏器也炙之雖盡猶有餘流按輠斡掟也㠯脂澤轂中炙而輠之則滑而易轉㠯辭濘亏髡之滑稽無滯與輠輪之輠同輠非器也別作⿰車鬼

輥古本切轉之速也別作⿰車衮

軻　輟　軔　輩　轆　轤

軻丘何切車逢坎㐭也坎軻亦作轗坷說文曰軻接軸車也坷坎坷也又上聲

輟陟劣切車停也說文曰車小缺复合者徐鉉曰网部罬別作輟

軔而振切礙輪木也將行則發之

輩補妹切車㠯削分爲輩說文曰軍發車百兩爲一輩

轆盧谷切轤龍都切井上汲水軸也古單作鹿盧

轎

轎渠廟切服虔曰喬聲儋輿也河渠書曰泥行蹈毳山行則轎史記作橋漢書曰越人輿轎而隃領山谷崎嶇輪蹄不可拖則用之高宗駐蹕維揚已塼街滑許百官乘轎令自一命已上皆轎非六人八人不可下隷民庶皆轎而出上惰而下勞後迣衆而宄會多非制也古通用橋與橋今爲上下所通用

輊　軓　轘　舟

之器从人車爲當

輊渠王切說文曰紡車也一曰一輪車

軓說文曰反推車令有所仅也讀若胥孫氏而隴切類篇車箱外厷木承重較之才

漢書曰再三發軓如淳曰推也淮南子曰內郡軓車而餉

轘胡卝切大罪車削也周官誓馭曰車轘

舟張流切易曰刳木爲舟剡木爲楫舟楫之利㠯濟不通鄭敫仲曰古佗㔺古者彝㠯盛酒其下

有舟鄭司農曰尊下臺若今旹承盤

舟之象形

方

方府良切又去聲說文曰并船也象兩舟省緫頭形詩云就其深矣方之舟之鄭氏曰汲也借爲方圜之方因之爲方正之方因之爲亖方之方因之爲方版之方古者記載書之於方冊百名㠯上書於策不及百名書於方又借爲

方收之方方猶甫也方甫葢同聲又偺爲比方之方又偺爲方命之方不受命也偺義多而本義奪故又加舟爲舫說文曰舫船師也引月令曰舫人習水又偺爲方竿之方蒲蓢切別作彷徉

舟之會意

般

般蒲潘切旋舟也舟在水上旋莫易焉故取類於舟說文曰辟也象舟之旋殳所㠯旋之也引之爲般

船 舸 艇

辟之義記曰主人般辟又引之爲般游般樂孟子曰般樂怠敖通作盤今俗又因之爲般移之般亦逋潘切又逋還切

舟之𦪇聲

船桑川切舟也俗作舡

舸古我切大舟也

艇待鼎切小舟也

艦　舶　䑠　服

艦戶黯切舟有屋者也類篇戰船三面柂版吕禦矢狀如牢

舶薄陌切海舟能風浪者也類篇曰蠻夷汎海舟也

䑠郎丁切舟有窗者也亦作舲楚辭曰乘舲船余上沅兮亦通作霝靈楚辭曰橫大江兮揚靈

服弼力房六二切說文曰用也一曰車又騑所吕舟旋从𠬝一曰事也𦨈古文卜聲按服小舟附大舟者也引之爲

服馬之服馬之服轅者也又作犕又引之爲衣服之服爲弓矢之服矢房也又作箙鞴凡言服者皆親附服从之如衣服之在躳故爲柔服服从服事之義又妖鳥名服賈誼賦單作服別作鵩

舠

舠都勞切輕舟也又見刀下

艘

艘穌遭先雕二切凡舟㠯艘數又作稯漢志曰船又

舳　艫　舷　艤

百梭說文曰梭船緫名

舳直六切船後持柁處也說文曰艫也漢律名船方長爲舳艫一曰舟尾

艫郎乎切船頭也說文曰舳艫也一曰船頭李斐曰舳船後持柁處艫船首刺櫂處也

舷胡千切船旁也

艤語綺切整櫂附岸曰艤又作檥史記曰

⿰舟少　俞　朕

烏江亭長檥船待徐廣曰音儀一音俄孟康曰附也

⿰舟少楚教切類篇舟不盜也俗書

舟之疑

俞羊朱切說文曰空中木爲舟也从亼从舟从巜巜水也於經爲應辭之速記曰男唯女俞書云帝曰俞孔氏曰然也又人身五藏六府皆有俞

朕直禁切說文曰我也闕按古之君臣皆自稱曰朕疑卽兆眹之眹

几　　且

几居履切古人坐亏地几坐所凴也象彨周官司几筵掌五几之名物玉几雕几彤几桼几紊几别作机

几之象彨

且側吕切薦牲俎之几也足有二衡象其校又作組从半肉說文曰且薦也从几足有二横一其下地也組禮組也从半肉在且上鄭氏曰且薦几几也假借之用多故組加半肉吕别之

凭

與俎皆有校士昏禮曰拂几授校記曰薦豆執校兩足閑横木也借爲辥助子余切又借爲次且之且次余切俗作趑趄按次且不進也从走又借爲苟且之且七也切非

几之會意

凭皮冰切倚几也古通作馮徐鉉曰人所依馮几所勝載故从任

云

処　凳　丌　奠

几之諧聲

処昌與切居也說文曰从夂得几而止許氏之說鑿而迂夂乃聲也

亦作處虍聲所処爲處夳聲

凳丁鄧切令人謂坐牀曰凳字林曰牀屬

丌居之切度閣之器也象形說文曰下基也薦物之丌

丌之會意

奠定硯切又迮徑切措酒于丌上也古之

命鼔者必相授受其不授者與受而未歙者則皆奠之禮所謂奠鼔奠酬也奠幣奠鴈皆此義也引之爲奠定書云奠高山大川又曰奠厥攸居

六之龤聲

虡

虡其呂切鍾磬之跗也考工記曰梓人爲筍虡天下之大獸五脂者膏者臝者羽者

鱗者宗廟之事羸者羽者鱗者㠯爲筍虡㝴脣弇口出目短耳大匈燿後大體短脰若是者謂之羸屬恒有力而不能走其聲大而宏有力而不能走則於任重宜大聲而宏則於鍾宜若是者㠯爲鍾虡是故擊其所縣而由其虡鳴銳喙決吻數目顅脰小體騫腹若是者謂之羽屬恒無力而輕

其聲清揚而遠聞無力而輕則於任輕宜其聲清揚而遠聞則於磬宜若是者㠯爲磬虡故擊其所縣而由其虡鳴小首而長摶身而鴻若是者謂之鱗屬㠯爲筍詩云虡業維樅又曰設業設虡毛氏曰植者爲虡衡者爲栒又作虡說文曰虡鍾鼓之柎也飾㠯猛獸从虍異象其下足虡篆文或作鐻按虡或象臝獸或象羽屬記言臝屬有力而不能走虎豹蓋不與焉从虍無義虍乃聲也从六

从人从収収葢象虞之形

異

異羊吏切度閣殊異之也畀聲

異之諧聲

戴

戴昃代切㦲而戴之物上也說文曰分物昃增益曰戴𢤰籒文又作戴

六之疑

巽

巽蘇困切說文曰具也弜聲𢁉篆文巺巽也从頭孫氏䜌切士易所謂顛爲長

女爲風者按易巽爲八卦之一名經傳之用巽義爲巽順與孫相近按巽从六說文曰具也疑卽撰具之撰士戀切僎爲震巽之巽說文無撰字胎正義爲僎義所奪後人憂加手也又見手部垚曰女能庸命巽朕位孔氏曰順也蔡氏曰與遜通於辭義皆不通

孫夆謹校

六書故弟二十七

瓦　瓬

六書故弟二十八

永嘉戴侗

工事三

瓦五寡切覆屋瓦也象形

瓦之龤聲

瓬甫兩切匋埴之工也考工記曰瓬人爲

簋豆

云

甄　瓴　㼧　甍

甄居延切瓬人也為形體者也董仲舒曰泥也在均惟甄者也所為俗呂為姓側鄰切

瓴郎丁切牝瓦仰蓋者也仰瓦受霤瓦也流所謂瓦溝也史記曰猶居高屋也上建瓴水也說文曰瓮佀缾也然說文釋甓為瓴甓則瓴非瓮矣

㼧徒東切小牡瓦如筒者也俗書

甍莫耕切傳曰慶舍爰廟桷動於甍晉語

甓　甎　瓾　甃

曰旣鎮其甍矣說文及韋杜二氏皆曰棟也按棟不當从瓦乃緣本文而生此義也甍蓋屋脊鎮之然後瓦不動蓋作屋之成事也

甓蒲歷切今甎也詩云中唐有甓爾雅曰瓴甋謂之甓說文曰瓴甓也鄭氏曰即今瓾甎也按甓甋實一字

甎朱緣切燒墼用㠯築甃也亦作塼或作㼷

瓾盧谷切甎也

甃側救切築甎石㠯砌甃也易曰井甃無

瓷　瓮　甒　㼰

甃脩井也

瓷疾資切類篇曰匋器之堅致者也或作甆

瓮鄔貢切缶也中盎者古人以盛醯醢之屬又作罋𦉥鄭康成曰其容蓋一㲉

甒罔甫切缶也小者記曰禮有以小爲貴者門外缶門內壺君尊瓦甒

㼰頻彌切說文曰罌謂之㼰

甇　甂　甔　瓻

甇丁浪切說文曰大盆也揚雄酒箴曰爲甇所轠師古曰井之甎甃也

甂卑眠切又上聲扁缶也說文曰似小瓿大口而卑用食

甔都濫切史記曰牆千甔漢書作儋師古曰一人所儋也一儋兩甖曰安儋石之祿後漢書亶秉無擔石之儲止作擔司馬貞曰都甘切

瓻丑脂切缶屬又作㼨

甌　甗

甌烏侯切區也爾雅曰甌瓿謂之瓵說文曰小盆也景純曰甌瓵小罌也長沙謂之瓵今人謂食器大而宛中者曰盌以盛餅小而深者曰甌以盛鬻

甗語蹇切考工記曰匋人爲甗實二鬴厚半寸甑實二鬴厚半寸脣寸七穿鄭司農曰甗無底甑康成曰甗如甑一空按饋食禮亯人摡甑甗則甑甗異用以考工記之甗葢未必有空也甗

甑　瓾　缶

見鬲部

甑子孕切說文曰甗也甑籀文說具甗下按今人以木爲甑如桶而無底著箄以炊飯

瓾楚兩切說文曰磢垢瓦石也

缶甫九切瓦器用以盛酒醬之屬象形易曰尊酒簋貳用缶

缶之象形

匋　缸　罍

匋余招徒刀二切燒瓦竈也別作窰窯書傳通作陶誤

缶之䍃聲

缸古雙切今人謂瓮之大者曰缸說文曰瓨也瓨侣罌長頸受十升讀若洪漢書曰醯醬千瓨按如說文之云則醯醬千瓨纔百石耳不足言富也㠯聲亦之缸蓋大物瓨卽缸也

罍𦉪盧回切盛酒與水器也周官春祠夏禴秋嘗冬烝三者之閒言獻用尊者皆有

罌　罃　缿

罍諸臣之所眂也㠯罍盛酒也燕禮謂洗亐阼階東南罍水在東㠯罍盛水也詩云缾之罄矣維罍之恥罍大於缾與尊也又作櫑說文曰龜目酒尊刻木作雲靁象柂不窮也或作罍从缶作𥁰从皿𦉪籀文

罌烏莖切小缶也又作甖

罃於弘切說文曰備火長頸缾也又作甇

缿戶講切說文曰受錢器也古㠯瓦今㠯竹器之可入而

不可出者也爲之㠯瓦或㠯竹亦㠯畜錢所謂撲滿也

銽 鉼 鑵 鐔

銽蒦口切又旁光蒲矦二切缶類說文小缶也又作瓿說文瓿也

鉼旁經切令人㠯小而長者爲鉼說文曰甖也或作缾釫

鑵古玩切令人㠯鉼之庳者爲鑵

鐔徒含切令人㠯鉼之深大者爲鐔又厺

鉢　罃　缺　罅

㲉

鉢北末切盆之小者也或作盋鉢

罃池僞切說文曰小口罌也又作[illegible]又地名漢書高祖擊縣希軍會罃

缺苦穴切器毀缺也與闕通或作鈌从垈缶之譌也又作𦈢徐本缺省聲唐本夬聲

罅呼迓切缶坼有隙也又作墟說文曰坼也或作陓

罄 䍃 臼 舂

罄苦定切器中空也又作窒說文曰空也引詩缾之窒矣

䍃㠯周切說文曰瓦器也肉聲徐鉉曰从䍃省乃㝵聲按䍃亦㠯肉爲聲疑肉好之肉與䍃劦

臼其九切上古掘地爲臼後世易之㠯木石象臼中有米

臼之會意

舂書容切从廾持午加於臼舂之義也㠯

舀　臿

梃與刃築擣者因亦謂之舂傳曰富父終甥舂其喉以戈別作摏

舀以沼以周二切抒臼中臬米也𦥑手探臼舀之義也亦通作揄詩云或舂或揄又作抌周官女舂抌二人說文曰或作抌从手从宂或作𦥿从臼从宂按抌宂聲說文从宂無義今俗又譌宂爲宂或又作䑂皆非

臿楚洽切說文曰舂去穀麥皮也从千所

午

㠯臿之一說臿臿入也从干臿曰中郎插字也別作⿰日臿

午昌与切又乙鼎文庚午鬲文斷木為午所㠯舂也亦作杵加木借為十二辰子午之午疑古切通為鐕午午毌之義與乂通詳見乂下又作啎迕逜通作遻說文曰午啎也五月侌气午屰昜冒地而出與矢同意啎屰也从午按說文之說鑿而不通所㠯知其為午曰之杵者舂从午从曰此明證也

䰜

鬲鬲郎激切。䰜器也。考工記曰：匋人爲鬲，實五觳，厚半寸，脣寸。三足，象形。旁象兩耳。亦作鬲。說文曰：鬲，鼎屬，實五觳。斗二升曰觳。象腹交文三足。或作䰛，从瓦。漢令作㽁，从瓦，厤聲。䰜㽁也。古文亦鬲字。象孰飪五味气上出也。孫氏䰜鬲同音。按䰜鬲一字，猶𡥈與子，皆與百，不當分爲二。丣又已鬲。偺爲阻鬲之鬲，與隔通。古核切。五藏肝肺之間有鬲肉焉，所謂匈鬲、鬲關、鬲也。別作膈。㠯竹爲鬲者又作䈇。

畐　𦥯　爨

畐之指事

畐方夏切無足畐也又作𠳿別作鍑說文曰鍑釜大口者畐滿也从高省象高厚之形讀若伏孫氏芳逼切按說文福輻畐逼偪副富幅匐稫蝠竝畐聲而籒文副作疈稫作𥢭以此推之畐乃𠳿之變畐乃畐之變畐即鍑也

𦥯渠容切說文曰所以支鬲者从爨省鬲省佀鬲而有耳者也臼象其耳

𦥯之會意

爨七亂切从収推木内火於𦥯下爨之

釁

義也𤔽籒文說文曰臼象持甑冂爲竈口𠬞推林內火

𦥯之諧聲

釁虛振切以卺酉或血塗鼎釜及竈彌其隙也成廟成器皆釁之說文曰血祭也从爨省从酉从分分亦聲周官鬯人大喪共其釁鬯康成曰釁尸以鬯酒使之香美者雞人祭祀面禳釁共其雞牲天府上春釁寶鎭及寶器康成曰殺牲以血血

之龜人上吉釁龜康成曰殺牲㠯血血之按釁不必專用血有用衅者龜玉恐不可用血祓除釁浴亦不可用血女巫掌祓除釁浴康成曰㠯香薰艸藥沐浴記曰成廟則釁之㠯羊升屋南面刲羊血流于前乃降門夾室皆用雞宗廟之器其名者成則釁之㠯豭豚又作衅記曰車甲衅而藏之康成曰衅卽釁

鬻

鬲之會意

鬻之六切字林曰淖糜也亦作粥說文鬻鍵也孫氏武悲切鬻粥也或作鬻儈爲販粥之粥合賣買而言謂之粥余六切別作鬻周官司市掌賣儥之事康成曰買也又曰禁儥慝者禁貿儥者按康成之說於此不通王制不粥於市者七皆非言買者又與育通用詩云鬻子之閔斯

鬷 鬴

鬲之龤聲

鬷負綺切鬴屬亦作錡詩云維錡及釜傳曰匡筥錡釜之器說文曰三足鍑也一曰滫米器也

鬴弄甫切鑊類也且㠯爲量亦作釜詩云亏㠯湘之維錡及釜毛氏曰有足曰錡無足曰釜考工記曰㮚氏爲量量之㠯爲鬴深尺内方尺而圜其外其實一鬴其臀一寸其實一豆

其耳三寸其實一升傳曰亝舊亖量豆區釜鍾亖升爲豆亖豆爲區亖區爲釜釜之實凡六斗亖升按鬴本言器加耳與臂爲量

鬵

鬵才林切釜類詩云誰能亯魚漑之釜鬵爾雅甑謂之鬵鬵鉹娼氏切也方言曰自關而東或謂之甗或謂之鬵涼州名鉹毛氏曰釜屬說文曰大釜也一曰鼎大上小下若甑曰鬵古文作鬵按亯魚不應用甑毛許之說近之

䰛　鬷　鬳　鬻

䰛古禾切釜屬亦作鍋說文曰秦名土釜曰䰛類篇曰鍋鑸温器也又作⿰鬲戈鈛今俗謂釜曰䰛

鬷子紅切說文曰釜屬詩云鬷假無言毛氏曰大也鄭氏曰緦也中庸引詩作奏按鬷奏皆偺聲鄭說近之

鬳說文曰鬲屬徐本虍聲唐本虔省聲林罕亦曰虔省聲孫氏牛建切疑即甗字

鬻古行切有滑爲鬻又作䰜羹說文曰五味和䰜也

鬻

从羔羹小篆文从美从羔

按羔之義近而聲實近之

鬻章与切亯也或作鬻加水亦作鬻煮周

禮曰及果築鬻

鬻

鬻吕灼切内物湯中薄出之也通作瀹

鬺

鬺式羊切又作𩰫史記曰九鼎皆嘗鬺亯

說文曰鬻煮也又作䰞

融

融以戎切火洞明也詩云高明有融傳曰

鼎　鼏

明而未融說文曰炊气上出也融籀文

鼎都挺切實羊豕魚腊孰亯和五味之器也兩耳三足象形說文曰和五味之寶器也从貞省聲古㠯貞爲鼎籀文㠯鼎爲貞亦作鼎

鼎之會意

鼏莫的切覆鼎也从冂覆鼎禮鼎冪㠯茅若束若編通作冪說文曰㠯木橫毌鼎耳舉之冂聲徐氏曰周禮

亦謂之鬲按鬲鼏乃二物二說皆非也

具

具健芎切張中医文膳饔之饌具也从人从鼎省从収凡饗食之禮豩定則實諸鼎乃告具故凡饌具皆曰具周禮曰祭祀掌其具脩又曰比官府之具傳曰具五獻之籩豆亏幕下皆謂共具也引而申之凡箙具者皆曰具周禮曰凡邦之賦用取具焉詩云火

則具肆神具醉止樂具入奏又曰莫怨具
慶記曰大夫具官又曰喪具君子恥具說文
曰共置也从貝省按貝之文本作⊕目非貝省且貝於其義亦迂从鼎有明徵
鼎之𪔂聲

鼐 鼒

鼐奴代切鼒側欪切詩云自羊徂牛鼐鼎
及鼒毛氏曰大鼎謂之鼐小鼎謂之鼒爾雅曰鼐鼎之絕大者鼒鼎之圜掩上
者魯詩鼐小鼎也說文曰鼒俗作鎡

凵　皿　𥁕

凵厺負切說文曰凵盧飯器桺為之象形或作筶

皿美丙切說文曰讀若猛飲食之器也象形𥁂古文

皿之會意

𥁕矩洧矩有二切𥁕盛黍稷之器也㠯瓦

或竹為之从皿皀𥁕之義也聘禮公食

大夫禮𥁕皆實黍稷有會簠盛則稻粱聘禮

又曰夫人使下大夫勞㠯二竹𥁕方康成曰竹

盙方者器名也㠯竹爲之狀如盙而方如今寒具筥筥圜而此方耳玄被纁裹有蓋其實棗烝㮚擇考工記曰瓬人爲盙實一瞉崇尺厚半寸脣寸說文曰盙方簠圜康成曰方曰簠圜曰盙陸德明曰內方外圜曰盙㠯盛黍稷外方內圜曰簠㠯盛稻粱皆容一斗二升說文又作𥫫从竹从皀从皿[篆]古文从匚飢匭古文或从軌朹亦古文[篆][篆]叔高父盙[篆][篆]㚘師奕父[篆]寅盙

益

[篆]伊昔切增益也說文曰饒也从水加皿益之意也疑益本爲溢

字水在皿上溢之義也用爲增益故溢憂加水

盥

盥古玩切濯手也古之盥者㠯匜水沃手弃水亏盤若罍故从収収水加亏皿上

昷

昷烏渾切暝也从日暝之義也𥁕說文曰仁也从皿㠯食囚也官溥說

皿之諧聲

血

血呼決切祭所薦牲血也說文曰一象血在皿中李陽冰

䘑　衈

曰一蓋聲

血之會意

䘑莫獲切血理有䘑分行肉中亦作䘑脈

書曰䘑之支𠂢曰絡䘑絡䘑之支曰孫

䘑䘑所㠯从𠂢也𠂢亦聲

血之䶢聲

衈而志切殺牲取血也記曰成廟則釁

衁

之外屋刲羊門夾室皆用雞其衈皆於屋下（康成曰將用牲㠯釁先滅耳旁毛薦之耳聽聲者告神欲其聽而言之按鄭說牽彊衈乃从血耳聲）通作珥周官凡祈珥羊人共其羊牲士師奉犬牲（康成曰珥讀爲衈祈或爲刉釁禮之事也毛牲曰刉羽牲曰衈）

衁呼光切傳曰士刲羊亦無衁也（說文曰血也杜氏同伯曰卹肓字）

衃　盡　衉　⿰血夋

衃鋪杯切。凝血也。令人吕蕡脂爲衃蓋取諸此。伯曰：女子任身一月爲始衃。言血始凝也。别作肧。

盡⿰爿又鄰切。气液也。令人通用津字。

衉苦紺切。說文曰：羊凝血也。别作⿱贛血。

⿰血夋祖回、津㳂二切。老子曰：夵子未知牝牡之合而⿰血夋作，精之至也。說文新附曰：⿰血夋，夵子会也。

衄　衊　𧖶　盩　衋

衄女六切血流出也鼻出血謂之鼻衄

兵敗者被血謂之敗衄

衊莫結切血污也

𧖶奴冬切邕腫潰腐爲𧖶也俗作膿

盩張流切文見血也說文在夲部引擊也从夲攴見血也

扶風有盩厔縣

衋許力切說文曰傷痛也从血聿皕聲書曰罔不衋

盥　盤　盆

傷心

盥眉兵切割牲歃血以湛約也

盤蒲官切器大而淺曰盤亦作槃又作柈鎜[illegible]

爲盤桓之盤

盆蒲奔切小而深曰盆士喪禮新盆槃缾

造于西階下康成曰盆以盛水槃以盛湅濯又曰淅米用

盆周官牛人祭祀共牛牲之盆簝盆以盛

皿也。考工記匋人盆實二鬴，厚半寸，唇寸。

盂 監

盂，羽俱切。盆類，深而大，亦作杅。既夕禮用器兩杅，康成曰：盛湯漿。記曰：浴出杅。

監，古銜切，又古轞切。盆類，臨省聲。詩云：我心匪監，不可㠯茹。周官凌人春始治鑑，康成曰：如甀，大口，㠯盛冰。莊周曰：同濫而浴。按：監从皿，周官所謂鑑，莊周所謂濫，皆此物也，不當加水與金。僭爲監臨之監，丂聲監

盎

者爲監去聲記曰天子使其大夫爲三監去聲監平聲於方伯之國又爲鏡監之監亦作鑑又因鏡監而爲監觀之監別作䁪

盎烏浪切器之中宏者也亦作㼜因其聲義而用之則凡和厚稠渾者皆謂之盎酒之汁滓相將盎盎然者謂之盎盎別作[illegible]醠孟子曰見於面盎於背

盧

盧郎乎切說文曰飯器也盛火器也亦作鑪或作爐鑪

周官宮人寢中共鑪炭傳曰發亏鑪炭說文盧从由罄也凵盧飯器吕柳爲之按飯器吕柳爲之當从由从皿者火盧也僭爲盧黑之盧與兹通書云盧弓一盧矢百別作黸目中黑子因謂之盧亦作矑見目部又僭爲犬名詩云盧令令毛氏曰犬也字林作獹韓良犬也淳亏髡曰韓盧者天下之俊犬也

盙　盌　盃

盙匪父切說具𥁃下又作簠匧

盌烏管切今人以侈口宛中者爲盌盛飯者用之深中弇口者爲甌盛粥者用之又作𤭁說文皆曰小盂也

盃鋪枚切㱃酒器也亦作杯又作桮𠥜环記曰母沒而杯圈不能㱃口澤存焉耳孟子曰以杞柳爲桮棬

盞　齍

盞阻限切盃類又作琖醆

齍津私切祭祀之米穀也周官甸師掌耕耨王藉㠯共齍盛康成曰齍盛祭祀所用穀也粢稷也稷爲穀長是㠯名云在器曰盛舂人掌共齍盛之米小宗伯辨六齍之名物康成曰謂六穀黍稷稻粱麥苽通作亝又作粢傳曰奉盛㠯告曰潔粢豐盛又曰粢食不鑿按米曰粢孰而在盡皀曰盛鄭氏㠯稷爲齍

盛　盇

非又作粢[illegible]

盛旹征切貯物於皿也黍稷之共饋食者因謂之盛周官饎人掌共盛僭為盛大盛衰去聲

盇古夌胡沓轄臘三切覆也說文曰覆也从大从血徐鉉曰大象覆蓋形按盇从皿無義蓋从皿太聲假借之用胡沓切語曰盇徹乎盇各言爾志猶言亦空也說者

曰何不也倜謂不肰記曰子盍愼諸又曰是夫也多言盍嘗問焉傳曰盍請滋師又曰盍内王乎子盍帛自貳焉盍亦求之盍能之盍使睦者歌吾子乎盍適諸矦君盍築武軍君盍歸之使合晉楚之成盍爲冠具子盍圖之子盍與季孫言之子盍謂之孟子曰則盍反其本矣盍歸乎來凡書傳之言盍者其辭乞雖容皆爲疑可欲肰之辭無何不之意

大九十一

盡慈刃切器中空竭也又止忍切盡其所有曰盡

大

影鈔元刊本六書故

𥁑 盪 盝 盦

𥁑彌畢切說文曰械器也

盪徒朗切蕩滌器皿也易曰八卦相盪

盝盧谷切竭器中水滌也考工記㡛氏湅帛清其灰而盝之又曰沃而盝之義與漉近爾雅曰竭也疏曰即漉也又作[氵盝]今人呂櫝匣之小者為盝與簏通

盦烏含切說文曰覆蓋也又去上二聲徐鉉曰今作罯非又作盒去聲

皿之疑

盈㠯成切滿也說文曰滿器也从皿从夃徐鉉曰夃古乎切益多之義古者㠯買物多㝵爲夃

豆豆辻候切盛葅醢酏糝之器也象形說文曰豆古食肉器也𣅜古文梪木豆也爾雅曰木豆謂之豆瓦豆謂之登按豆或瓦或木或金或玉不當別厺字考工記旊人爲豆實三而成觳崇尺是豆亦㠯瓦也古器之遺者如祖癸豆姬寏母豆皆銅豆也明堂位曰殷玉豆是豆亦㠯玉也僭爲豆尗之豆

登

豆之會意

𧯠登都滕切豆屬从豆盛肉収弄之或从又持肉加豆上上詩云卬盛于豆于豆于登又作鐙說文曰豋禮器也从収持肉加豆上讀若鐙鐙錠也錠鐙也徐鉉曰錠中置燭故謂之鐙今作燈非一說鐙豆屬有跋曰鐙無跋曰錠公食大夫禮大羹湆不和實于鐙宰又執鐙从執蓋按登蓋豆之深者故可以盛湆注膏

豐

油其中則可㠯然照後人加金與火焉又按記夫人薦豆執校執醴授之執鐙康成曰鐙豆下跗也授醴之人授夫人㠯豆則執鐙按鄭說誤夫人薦豆當錔亐筵冓執醴則當授尸故豆則執校醴則執鐙豈一豆而執校夏執鐙亐酌醴用觶鐙豈觶之跗與闕疑可也

豆之龤聲

豐豐豐旉戎切鄉射禮弟子奉豐設亐西楹之西勝者之弟子洗觶升酌坐奠亐豐上

公食大夫禮歙酉實亐觶加亐豐康成曰豐所吕承觶也佀豆而卑説文曰豆之豐滿者也一曰鄉歙酒有豐矦者徐本曰从豆象形唐本曰从豆从山拜聲豐古文蜀本曰丰聲山取其高大㒼為豐滿之

豐又為地名周文王仩邑亐豐在今京兆長安縣豐水上詩云豐水東注又曰文王受命仩邑亐豐別仩灃酆

豐之諧聲

豔　登

豔以贍切豐滿也說文曰好而長也从豐豐大也傳曰宋華督見孔父之妻目逆而送之曰美而豔又曰宋公子鮑美而豔謂好美而豐滿也後人誤以豔爲美故豔夏作艷从色水之豐盛亦曰豔本淫字之轉別作灩

𤼷居隱切士昏禮三𡔷合𤼷今本从巳說文曰蠡也烝省聲字林同廩成曰破匏也徐氏曰破瓢从爲危也說文又有𢀳字謹身有所承也从

豐 主

己讀若夵曷己已字林曰警身有所弄之警也按佮巳者己之譌

豆之疑

豐盧啟切說文曰行禮之器也象形

主知預切登主也主象器丶象注火說文曰丶有所絕止丶而識之也主登中火主也从丶丶亦聲按丶未成字絕止亦無義僭為賓

主之主知予切賓主之義叟正義故登主佮炷

主之疑

咅

亯

咅說文曰相與語唾而不受也从丶从否否亦聲孫氏天口切

亯說文曰獻也从高省曰象進孰物形亯說文曰篆文亯晉姜鼎文亯公緘鼎文按亯之用於書傳者凡三其一爲亯鄉普耕切周官亯人掌共鼎鑊㠯給水火之齊俗作烹亯鍊金鐵之亯俗作錞非其二爲獻亯許兩切聘禮主君之亯束帛加璧廷實夫人之亯玄纁束帛加琮覲禮三亯皆束帛加璧廷實惟所有今書伯大

𦎫 𩏯

作亨按二義未知𩏯爲本義說文从高省無義疑象形其三假借爲亯

通亯盛虛庚切易曰元亯利貞曰亯者嘉之

會也今俗書作亨蓋篆文

亯之會意

𦎫常倫切說文曰𩏯也一曰鬻也𦎫說文曰篆文

𦎫之龤聲

𩏯成育切亯飪也借爲𩏯何之𩏯𩏯猶

皀　[illegible]　食

誰也誰⿰亯凡聲義通⿰亯凡之本義奪於俗故俗加火爲⿱⿰亯凡灬

皀許良切說文曰皀穀之馨香也象嘉穀在裹中匕所吕扱之或說皀一粒也又讀若香孫氏皮及切按鄉从皀𢆶矦鍾鄉佐⿰女鄉宋君夫人鼎餗佐餗楸季𣪘伯戾収𣪘郱𣪘牧𣪘其匔皆从皀⿱皀皿亦从皀疑此特皀字象形其下譌而爲匕也

皀之龤聲

食乘力切凡⿰亯凡亯之物咀食者曰食歠食者曰飲啖食因謂之食今謂之喫又飯曰

飧

食古有饗食二禮食主於飯故曰食祥吏切引之則凡餧人者皆曰食

食之會意

飧餘昆切夕食也古者夕則餕朝膳之餘故孰食曰飧饌之鮮薄不備禮者因亦曰飧聘禮致飧飪一牢鼎九腥一牢鼎七致饔則飪一牢鼎九有陪鼎腥二

牢鼎二七康成曰不葡禮曰飱又曰小禮曰飱大禮曰饔氣傳曰僖負羈饋盤飱焉又曰趙衰以壺飱从越語曰䬸飯不及壺飱既食而再飯三飯亦曰飱記曰君既食又飯飱飯飱者三飯也又曰君未覆手不敢飱康成曰飱勸食也又曰客飱主人辭以疏又曰孔子曰吾食於少施氏而飽吾飱作而辭曰

飤　饎

疏食也不敢㠯傷吾子食於季氏不辭

不食肉而飱由此觀之飱非勸食也

飤食也說文曰糧也孫氏祥吏切又作飼按飭飾皆㠯飤爲聲孫音非許義

恐亦未然

食之龤聲

饎昌志切炊米爲食也詩云吉蠲爲饎

又作糦詩云大糦是承又作饑周官饎

人掌共盛

饙府文切饎之中孰沃之㠯湯而後炊之也說文鋍滫飯也从食奔聲徐鉉曰奔音忽非聲疑奔字之譌又作餴

鐳力救切飯气烝徹也

飯符萬切饎也亦作飰或又作餅食飯爲飯又遠切陸悳明曰飰扶萬切食飰曰飯扶晚切二字不同非也特一字而二音尒

伯大

餰　饔　飪

餰諸延切粥也亦作鬻饘說文饘糜也又作𩜶飦[illegible]

[illegible]

饔於容切割亯煎和之謂饔周官內雝掌膳羞之割亯煎和之事古通作雝饋食禮雝爨㠯亯牲魚獸饎爨㠯爲黍稷

飪忍甚切亯孰也說文曰大孰也𦛜又古文恁亦古文作腍記曰腥肆爓腍祭康成曰腍孰也又作餁[illegible]

餗　餱　餌　餈

餗桑谷切鼎實也易曰鼎折足覆公餗

又作[illegible]又作[illegible]鼎實也陳畱謂餈爲餗

餱乎溝切乾食也詩云乃裹餱糧又曰

乾餱㠯愆

餌仍置切周官羞籩之實糗餌粉餈說文作[illegible]粉餅也或作餌又作餗康成曰合烝曰餌餅之曰餈

餈疾資切稻餅也說具餌下或作餎餈粢

餠　飴　餳　餦

餠必郢切己粉及麪爲薄餌也說文徐本曰麪餈也唐本曰鎜餈也

飴与之切己糵米蔗秫爲目飴詩云堇荼如飴說文曰米糵煎也𩜁籒文異省聲

餳徒郎切飴也又作糖說文曰飴和饊者也方言曰餳謂之糖按餳糖特一字昜與唐同音孫氏徐盈切昜非徐盈之音

餦諸良切餭胡光切楚辭曰粔籹蜜餌

餭　䭔　餡　饌

有餦餭朱子曰餳也類篇曰一曰餅也

䭔都回切㠯米麥粉爲㠯餌別作䭔

餡乎韽切餅中肉也又作䭠豏䐄膁𦢊䭠說文曰䭠嘰也一曰廉潔也孫氏力鹽切歐公歸田錄言京師賣酸䭠者俚俗誤書爲餕餡滑稽子謂爲俊叨蓋不知餡之从臽而誤从舀也

饌雛免雛館二切具食也說文曰籑具食也或作饌按饋食禮尸謖祝命嘗食籑者康成曰古文皆作餕籑乃餕字非饌也

饋 飣 餖 饗

饋求位切進食也

飣丁定切簇食於器也俗書

餖丁透切合飣也俗書

饗許兩切㠯牢箠盛餟獻酬曰饗按經傳饗爲饗食之饗因之爲歆饗亯爲亯獻之亯因之爲亯祀周官儀禮二字之用較然不紊至他書往往錯用葢傳寫

之謂也楚茨之詩曰㠯亯㠯祀又曰神
呆是饗此二字之辨也禮莫重於饗王
合諸侯而饗禮則具十有二牢庶具百
物備諸侯長十有再獻上公九獻侯伯
七獻子男五獻饗有體薦有加籩加豆
酬有幣其殽禮薦五味羞嘉穀昌歜白
黑形鹽逆實旅百饗有獻而會有殽饗

有樂而食無樂會昜之義也饗有亯盥
則兼歙酒饋食之禮物也記曰饗禘有
樂而食嘗無樂會酓養昜气也故有樂食
養会气也故無聲此饗之大略也書曰
王三宿三祭三咤上宗曰饗禮曰孝子
杲圭爲而孝薦之饗曰哀薦祫事適爾
皇祖饗曰孝孫杲薦歲事亏皇祖尚饗

饔　餔

此歆饗之義也

饔弌亮切食所吕養生也饔之謂之饔

余兩倚兩二切說文曰戠古文僭爲饔饔之饔

詩云願言恩子中心饔饔

餔奔模切食也孟子曰子之从於子敖

來迲餔歠也楚辭曰餔其糟而歠其醨

吕氏春秋曰下壺飧吕餔之史記曰老

餐　餧

又請歠因餔之餔爲食歠爲歠說者吕餔爲歠誤矣又曰旦至食食至日昳昳至餔餔至下餔下餔至日夕古人葢因吕夕食爲餔說文曰日加申旹也

餐倉安切食也古語曰一餐之恩說文曰吞也或作飡又蘇昆切水沃飯也

餧於僞切食之也楚辭曰鳳不貪餧而

餉　饁

妄會月令餧獸之藥通作婁說文曰會半也

餉式亮切又平聲行饋也書曰葛伯仇餉說文曰饟也又作餳[illegible]餉又作饟詩云其饟伊黍說文曰周人謂餉曰饟孫氏人羕切陸氏式亮切按餉饟實一字

饁匀輒切野餉也詩云饁彼南畝鄭氏曰饟饋也祭獸于郊因謂之饁周禮曰致禽饁獸于郊康成曰聚所獲禽因㠯祭三方神於郊月令季秋天子旣田命

餕餞餽餫

主祠祭禽亐三方是也

餕子峻切食餘曰餕又作籑

餞才綫切飮食行者也

餽具位切遺也孫愐曰與饋同非也

餫王問切遠氣也傳曰晉荀罃如齊逆女宣伯餫諸穀說文曰野饋曰餫杜氏曰運糧餽之按古之使者所過邦國皆有委積享氣無運糧之說荀罃過魯境而不入魯畏六國遠歸

館　餬

氣宰之禮故謂之餫今俗呂麪裹肉加洎謂之餫飩呂昆切

館古玩切客旅所止食也周官五十里有市市有候館候館有積使者所至之國各授呂館

餬戶吳切伯曰薄食也傳曰饘於是粥於是呂餬余口又曰使餬其口於四方說文曰寄食也非又佗鬻餰也

饛 飶 餤 飽 饇

饛莫紅切滿也詩云有饛簋飧

飶毗必切詩云有飶其香與苾通

餤徒甘切詩云亂是用餤毛氏曰進也類篇曰說文云貪也與啖通按今說文無此字今人㠯薄餅卷肉切而薦之曰餤徒監切

飽博巧切食充也𩚳𩛬埜古文

饇依據切猒滿也詩云如食宜饇亦作飫詩云飲酒之飫毛氏曰饇飽也不脫屨升堂謂之飫周

語王公太飫則有房烝王公諸侯之有飫也般㠯講事成章建大悳昭大物也故太成禮烝而已又曰武王克殷作詩㠯爲飫歌其詩曰天之所支不可壞也其所壞者亦不可支也又作𩚵說文曰芺食也又作[illegible]飽也按饇飫實一字禮之太成謂之飫者取其屬猒而已武王之歌亦由是也

饒

饒如昭切食豐衍也

餘　飸　餮　饞　餧

餘呂諸切食之羨遺也

飸土刀切冒亐歙食也亦作叨饕籒文號省聲

别作饀飭

餮他結切貪食也又作飻說文曰殄省聲

饞鉏咸切貪羨也

餧奴罪切食不足中歉也負敗則肉不

充故謂之餧

飢　餓　饑　饉　饐　餲

飢居夷切食不充也

餓五个切無食久餒也淮南子曰寍一月飢無一旬餓

饑居衣切穀不熟曰饑又作饑

饉渠吝切菜不熟曰饉

饐乙冀切飯壹鬱傷溼熱則饐別作饖𩚎[illegible]

餲於蓮切飯臭敗也語曰食饐而餲不

餀　餕　卽　旣

食

餀　呼艾切，又呼聲。食敗气芇人也。爾雅曰餀謂之餯，許穢切。別作饁，餯又於偈切，皆非。

餕　疏鳩切。飯臭酸也。字林曰飯傷溼熱也。

卽　子力切。就食也。引之則凡就之者皆曰卽。

旣　居豙切。食盡也。

匕

匕卑履切雝人所用別出牲體者亦所用挹湆亯人所用匕黍稷也其首蓋類淺勺象形少牢饋食禮曰雝人溉鼎匕俎亯人溉甑甗匕與敦公食大夫禮曰鼎入陳於人南面加匕亐鼎（康成曰匕所㠯別出牲體也）大夫序進南面匕載者西面大夫既匕匕奠亐鼎此所用別出牲體也襍記曰匕㠯桑長三尺或曰五尺（禮或作匕）

或作朼作朼者非少牢饋食禮有司雝人合執二俎

覆二疏匕亐其上尸升筵雝人授次賓疏匕

與俎受亐鼎西𠂇手執俎卻又手執匕柄縮

亐俎㠯受亐干鼎西司馬在鼎東二手執桃

匕柄挹湆注亐疏匕升㠯授尸尸卻手授匕

柄坐祭嚌之康成曰挑讀如或舂或抌之抌作挑者秦人語也挑長柄可㠯抒物於器者今文桃作抌此所用挹湆也康成曰二匕皆有淺升狀如飯

樫詩云有饛簋飧有捄棘匕此所用匕黍稷也說文誤㠯匕爲反人說已具人部又謂匕一名柶非也柶小於匕古㠯扱醴及醯醬匕之類也

匕之象形

鬯

鬯丑諒切周官鬯人掌共秬鬯康成曰不和鬱曰秬鬯㠯秬黍爲之象秬米形

鬯之象形

爵　　鬱

爵即略切飲器也象雀形从又持之考工記曰梓人為飲器爵一升獻以爵而酬以觚爵古文說文曰禮器也象爵形中有鬯酒又持之也所以飲器象爵者取其鳴節節足足也爵古文象形按古爵象雀有足無足者為廢爵僭為官爵之爵古爵九等王公侯伯子男卿大夫士

鬱迂勿切周官鬱人師及果築鬯鄭司農曰築

匙

艸鬯㠯爲鬯

鬱人掌鬱鬯㠯實彝康成曰築鬱金鬯之㠯和鬯酒鄭司農曰鬱艸名十葉爲貫百二十貫爲築㠯鬯之鐎中鬱爲艸若蘭說文曰芳艸也十葉爲貫百二十貫築㠯鬯之爲鬱从臼冂缶鬯彡其飾也一曰鬱鬯百艸之華遠方鬱人所貢芳艸合釀之㠯降神鬱今鬱林郡也鄭敫仲曰鬱之上體與爨同意象鬯鬱之形从彡所㠯飾鬯也

匕之龤聲

匙是支切柶也又作鍉後漢書曰弄盤鐕鍉令曰鍉不濡血歃不入

口是歟明神也

酉

酉子久切酉醴之通名也象酉在缸瓮中借爲丣戼之酉借義擅之故又加水作酒說文酉就也八月黍成可爲酎酒象古文酉之形丣古文酉戼爲春門萬物已出丣爲秋門萬物已入从一閉門象也酒就也所㠯就人性之善惡从水从酉酉亦聲一曰造也吉凶所造也

按醪醴之類無不从酉此爲明徵許氏說迂而不通

酉之象形

酋

酋字秋切說文曰繹酒也从酉水半見於上按酋酒釀而久者鄭語曰毒之酋昔者其殺也滋速詩云俾爾彌爾性似先公酋矣皆謂其能久也周官三酒二曰昔酒康成曰今之酋久白酒所謂舊醳者也酒官因謂之酋月令仲冬乃命大酋秫稻必齊麴糱必旹湛熾必絜水泉必香陶器必良

火亝必㝵兼用六物大酋監之毋有差貸方言曰久孰曰酋又作醔

酋之龤聲

尊

𢍜祖昆切實酒曰尊又作𢍜説文曰从𠬞弄之或从寸按从𠬞無義乃寸之譌周官小宗伯辨六尊之名物

以待祭祀賓客司尊彝旾祠夏禴朝踐用兩獻尊再獻用兩象尊秋嘗冬烝朝

獻用兩著尊饋獻用兩壺尊亖旹之閒
祀追亯朝亯朝踐用大尊再獻用兩山
尊皆有罍諸臣之所昨也士冠禮曰側
尊一甒醴康成曰置酒曰尊燕禮曰司宮尊亐
東楹之西兩方壺公尊瓦大兩有豐尊
士旅食亐門西兩圜壺大射儀曰尊亐
東楹之西兩方壺膳尊兩甒有豐尊士

旅食兩圜壺又尊亏大侯之乏東北兩壺獻酒少牢饋食禮曰尊兩甒同棜由是觀之其初爲甒爲方壺圜壺爲瓦大實酒加亏棜禁與豐然後謂之尊尊卑之義由是生焉或作鐏樽

酉从會意

酌

酌之若切㠯勺挹酒注之爵也㠯勺曰酌

釀　醞　酴　醾

㠯斗曰斟

酉之龤聲

釀女亮切作酒也

醞於問切釀之久也

酴同都切醾莫皮切說文曰酒母也按酴醾亦爲酒名令蔓𤼵亦有名酴醾者或謂取其芬㠯漬酒因㠯旻名亦作荼蘼

醅 酵 醴

醅 鋪回切 酒本未投也 說文曰醉飽也孫氏曰酒未漉也或作⿰酉不

酵 古孝切 發酒丝也

醴 盧啟切 日酒少麴多米幷莤飲之曰醴

醴爲酒之先飲之不至甚醉故記曰玄酒在室醴醆在戶粢醍在堂澄酒在下尊之也又曰禫而飲醴酒始飲飲酒者先飲醴酒

爲其不至甚醉也漢穆生不耆酒楚王常爲設醴亦爲是也周官五亝一曰汎亝二曰醴亝又曰醴酒縮酌康成曰泛者成而滓浮汎汎然醴者成而汁滓相將士冠禮曰酌醴加柶㠯柶祭醴三啐醴捷柶酌之㠯柶縮之㠯茅㠯有莤也顏師古曰醴甘酒也少麴多米一宿而成吕嘉問曰亝者因其自然之酪故謂之亝也旾十五日夏十日撥醅瓮而浮蟻涌於面謂之撥醅者此泛亝邪接取撥醅其下

汁滓相將令謂之醅身者豈所謂醴盎邪按呂說從盎佀是醴盎則顏說是也内則醴皆有酋

酸 醪 酤

酸所九切聘禮酸黍清皆兩壺康成曰白酒也

醪郎刀切說文曰汁滓酒也

酤公戶切詩云既載清酤毛氏曰酒也又曰有酒湑我無酒酤我毛氏曰一宿酒也鄭氏曰買也按語沽酒市脯不食又曰有美玉於斯求善賈而沽諸沽買之沽當作沽

醍　酪　醆

醍土禮切記曰粢醍在堂康成曰郎周禮所謂醍齊也釀成而紅赤如今下酒矣按今人又吕乳酪之精者爲醍醐醍田黎切醐戶吴切

酪盧各切記曰吕爲醴酪康成曰酢酨也又曰功衰㱃水漿無鹽酪不能食食鹽酪可也按酪酒類也北方吕馬乳爲酪故因謂湩酪而酥與醍醐皆因之从酉

醆側限切記曰醴醆在戶又曰醆酒涗亏

酘　醳

清康成曰醆酒盎亝和㠯清酒而泲之

酘直又切月令孟夏天子飲酘說文蜀本曰月令孟夏飲酎酎从肘省聲三重醇酒也徐本曰月令孟秋飲酎从時省誤㠯肘為時按酘肘皆又聲予已辨於肯矣史記高廟酘張晏曰正月旦作酒八月成曰酘酘之言純也至武帝時因八月嘗酘會諸矦出金助祭

醳羊益切記曰舊澤之酒康成曰澤讀為醳舊醳酒也亦與釋通史記張儀傳曰掠笞數百不服醳之騶忌曰攫之深醳之愉者政令也

酓

酓倚錦切周官辨亖酓之物一曰清二曰醫三曰漿亖曰酏康成曰清謂醴之泲者醫內則所謂或㠯酏爲醴者漿今之截漿也酏今之粥內則有黍酏酏酓粥稀者之清也又漿人共王之六酓水漿醴涼醫酏康成曰醴醴清也鄭司農曰涼㠯水和酒也康成曰涼今寒粥若糗飯襍水也記曰酓重醴稻醴清糟黍醴清糟粱醴清糟康成曰糟醇也清泲也或㠯酏爲醴康成曰釀粥爲醴黍酏漿水醷濫康成

酏

小日十六

曰酏粥滌酏截水清新醷梅滌濫吕諸和水也亦作□別作□

酏吕支切說具酓下周官籩豆之實酏食糝食記曰籩糗餌粉酏又曰爲稻粉糔溲之吕爲酏又曰取稻米舂糔溲之小切狼臅膏吕與稻米爲酏按酏有二三酓六酓之酏即內則所謂酓酏酏之正義也籩豆之酏食則內則所謂糗餌粉酏狼臅膏之酏吕

豆薦者也

醫

醫隱己切又作醷醫卽醷也說具酓下按内則漬牛肉食之目醢若醯醷僭爲醫藥之醫号聲或曰治病者必行之目醪醴故从酉亦作毉巫毉皆目校愈人殹苦者也故从巫

莤

莤作曹切酒漉也醩籀文又作糟亦作𦵮周官酒正共后之致酓醫酏莤康成曰沛曰清不沛曰莤

酨　釃　醇　釅　醹　酷

酨說文曰酢漿也孫氏徂奈切陸氏昨再切

釃山宜山街二切笮茜取酒也詩曰釃酒有藇毛氏曰已匡曰釃已藪曰湑說文曰下酒也一曰醇也

醇常倫切酒純不雜也

釅魚欠切酒濃厚稠釅也又作醶說文曰酢漿也

醹陸氏如主切顧氏如庾切詩云酒醴維醹毛氏曰厚也字林同

酷苦沃切酒香味醲烈也

醨　醊　酢　酬

醨呂支切酒殽薄也亦通用漓字

醊盧歠切沃酒於地以降神也說文曰酹餟陟衛切祭也餟祭酹也

酢在各切主人獻而客荅獻也說文曰醶也孫氏倉故切說文蓋以爲醶與醋互用

酬市流切旣獻酢乃行酬㱃遂徧爲旅皆謂之酬又作醻又作醻

醮　酳　醵

醮子肖切歙㠯酒而無酬酢曰醮㠯醴曰醴冠禮曰若不醴則醮醴辭曰甘醴維亭醮辭曰旨酒既清

酳予刃切既食而酌獻曰酳士昏禮三飯三酳康成曰酳漱也酳之言演也安也漱所㠯潔口且演安其所食侗謂演安之說非

醵其虐切合出酒食㠯會也記曰周旅酬

酺　釂

六尸曾子曰周禮其猶醵與或作𨠵

酺薄乎切又去聲周官亦師耆秋祭酺說文曰王悳爷大歙酒也康成曰故書酺或爲步杜子耆曰當爲酺酺者爲人物烖害之神也因祭酺與其民㠯長幼相獻酬焉漢文帝即位賜酒酺又曰文穎曰漢律三人㠯上無故群歙罰金四兩令詔許會聚歙酒也

釂子肖切歙旣盡也記曰長者舉未釂少者不敢歙又作潐說文曰盡也又作𣤴說文曰盡酒也

酣 醉 酩 酊 酡 酲

酣胡甘切飫歆也

醉將遂切歆酒著也

酩莫迥切酊都挺切酩酊醉而眩瞀不自知也亦作茗艼

酡唐何切酒發於面目也楚辭曰旣醉朱顔酡

酲直貞切中酒病也詩云憂心如酲

醒　酗　醟　醯　醋

醒　桑經切，醉解也。

酗　香遇切，醉而亂也。又作酗。

醟　于命切。說文曰酗也。漢書中山王淫醟。又亏聲。

醯　馨奚切，緣之酸者。从酉从皿，亐聲。或曰盇聲。又作醯。說文曰酸也。作醯㠯䰞，故从䰞皿，从䰞及酒竝省。䰞，粥也。毓省聲。

醋　倉故切，醶也。說文酢醶也，醋客酌主人也。按經傳酢與醋通用，爲酬酢之酢，今厺通㠯醋爲醯，宐从今。

酸　醶　醭　醬

酸穌官切醯味也酸痛酸削也別作痠非古詩曰不覺脚酸

醶子廉切微酸也說文曰酢也

醭普木切酒上白也

醬即亮切已肉合酒與醯為醬也从肉从酉爿聲⿰爿酉古文⿰爿⿱酉皿籒文周官膳夫凡王之饋醬百有二十罋醯人王舉則共醯六十罋已以五齊七醢七菹三臡實之醯人掌共五齊

醢

七菹凡醯物王舉則共醯物六十罋康成曰醬醯醢也醢人共醢六十罋醯人共醯物六十罋合爲醬百有二十罋記曰膾炙处外醯醬处内康成曰醯醬食之主又曰獻肉食者操醬亝周禮曰醬亝視秋旹令人㠯豆麥爲黄投鹽與水爲醬㠯和[illegible]

醢呼改切周官醢人掌三豆之實醓醢臡醢螷醢蜃蚳醢負醢鴈醢鄭司農曰有骨曰臡無骨曰醢

酥　醓

康成曰作醢及臡者必先膊乾其肉乃後莝之襍𠂤粱麴及鹽漬𠂤美酒塗置甀中百日成矣又作䤈說文曰醢从酉从㿻[illegible]籒文徐鉉曰㿻甌器也所𠂤盛醢說文㿻小甌也有聲讀若灰按醢醢皆从酉从皿而傳之𠂤聲醢與賄皆𠂤有爲聲有誤爲右尔今人謂醢[illegible]其方昰多

醓吐感切鄭司農曰肉醬也康成曰醓肉汁也陸氏曰本又作盜說文曰𧖴血醢也从血肬聲禮記有𧖴醢𠂤牛乾脯粱麴鹽酒也徐鉉曰肬血汁滓也

酥孫租切挏乳酪取而煮之爲酥

配

配滂佩切說文曰酒色也从酉己聲徐鉉曰己非聲當从妃省按配之本義不可考其用於經傳則爲匹配肥妃配皆㠯己爲聲己當自爲一字

壺

壺戶吳切盛水及酉器也象形大象其蓋壺之龤聲

壹

壹伊吉切物在壺中壹鬱也偕爲專壹之壹一焉不貳之謂壹

卣

卣與久切書曰賚爾秬鬯一卣孔氏曰中尊也詩云釐爾圭瓚秬鬯一卣毛氏曰器也

彝

彝單癸彝文寅伊切盛鬯與酒器也周官小宗伯辨六彝之名物㠯待果祼司尊彝掌祠夏禴祼用雞彝鳥彝秋嘗冬烝祼用斝彝黃彝三旹之閒祀追享朝享祼用虎彝蜼彝皆有舟鄭司農曰舟彝下臺若今承盤 彝商癸彝 彝父辛彝 彝𥂕三足其夕象流其

又象𠀠下象足加収者兩手𢑚之也說文彝宗廟常器也从糸糸綦也収持米器中實也彑聲此與𩰫相佀𢇍𢇍皆古文按彝之从糸从米皆無義許氏之說破碎牽彊絕不可通𢇍乃古治字古者悳䇾勳勞銘諸鼎彝紀于太常故彝常皆有常久之義書曰彝倫攸敘詩云民之秉彝

斗

斗當口切酌器也象形斗漢綏和壺文斗孝成鼎文斗徐本說文詩云酌㠯大斗因㠯爲量十升爲斗十

斗爲斛斗有魁有柄天之南北斗象焉故因㠯名之北斗三星爲魁三星爲柄魁下二星号者爲衡又作枓少牢禮司宮設罍有枓康成曰斟水器也

斗之指事

升

升識烝切升說文傳曰三升爲豆考工記𣪘一升觚三升獻㠯𣪘而酬㠯觚則一豆矣

从斗一其中㠯別之說文曰十龠也漢志曰黄鍾之龠㠯子穀

料

秬黍中者千二百粒實之㠯水準其槩十龠爲合十合爲升十升爲斗十斗爲斛而五量嘉矣　僭爲升降之升別作昇陞　又僭爲希縷之升八十縷爲一升

斗之會意

料力弔切計口量米也因之爲計料料度又弓聲莊子曰殆吾料虎頭後人因之言料理

大百十五

斗之諧聲

魁　斛　斞

魁苦回切斗魁所用挹者也因之爲魁首渠魁之義

斛胡谷切十斗也

斞㠯主切量也考工記曰桼三斞康成曰斞之輕重未聞又曰庾實二觳厚半寸唇寸豆實三而成觳按此與釜庾之庾異釜庾之庾其實十有六斗而此二十有三升疑當爲斞

𣂰　斟　斡　斜

𣂰他彫切說文曰斛旁有𣂰从斗厎聲一曰突也一曰利也爾雅曰𣂰謂之疀古田器也徐鉉曰說文無厎字疑厂象形乚聲俗作鍫非

斟職深切酌也說文曰勺也

斡古欵切旋斗也引之則凡旋運者皆曰斡

斡又烏括切彊斡也說文曰蠡柄也揚雄杜林皆㠯爲軺車輪斡

斡孫氏烏括切斡乃从斗輪斡非本義

斜似嗟切斗柄斜也說文杼也讀若荼因之爲敧

斞　㪷　科

小百十九

斛

斞 㪷朱切說文曰挹也 𨢮氏苦𡿺切

㪷 火故切舟中抒水斗也

科 苦禾切斗類一說魁也魁科同聲科斗之𠑹名以其類之也 別作蝌蚪引之爲科 孟子曰盈科而後進又引之爲科程語曰爲力不同科 說文曰程也从斗量禾按禾不可斗量禾乃其聲

斝

斗之疑

斝古雅切詩云洗爵奠斝記曰爵夏后氏㠯琖殷㠯斝周㠯爵灌尊夏后氏㠯雞夷殷㠯斝周㠯黄目說文曰玉爵也从吅从十冂象形與爵同意或說斝受六升黄長睿曰三器之名䏶其實一也㠯其三足象戈故曰琖曰柱文佀禾稼故曰斝形若飛爵故曰爵斝比爵但無咮尾此為異耳

勺

勺 ⺆ 祇若實酌二切挹器也象形中象其實

与　也

勹之疑

与 尹汝切 說文曰賜予也一勹為与与與同按與从舁两手數舁賜予不當从舁賜与之与亦通作予

也 弫伯仲姞也 吕叉切 又上聲 沃盥器也有流吕注水象形亦作⿱西也又作匜士喪禮匜實亏槃中南流傳曰弄匜沃盥 說文⿱西也女会也象形乜秦刻石文匜佀鄉魁柄中有道可吕注按女会之說甚舛 偺為詞助羊者切詞助之

用多故正義爲所奪而加匚爲匜也與它文相近故多

䇲互

𧯸

𧯸說文曰𨱆酒器也从金或省金按𣂑从此孫氏天口切

孫夆謹校

六書故弟二十八

四明范重足秀生甫校

改二字 一司字 一上字

六書故弟二十九

永嘉戴侗

工事五

刀

刀都牢切象形詩云誰謂河廣曾不容刀狹之也猶曰一葦杭之一葦非可吕杭者也杭者誤吕刀爲舟故爲創舠字又漢貟牘有刀間及軍有刀斗師古曰音貂孟康曰吕銅作鐎受一斗師古曰銅銚也俗書作刀

刀之指事

刃

刃而振切刀口所用割切也故指其処吕命之

刃之指事

刅

刅楚良切刃兩刃也通作創說文曰傷也从刃从一或作創

刃之鍇聲

劒

劒居欠切兩刃而鋭上曰劒故从人刃考

工記曰桃氏爲劒臘廣二寸有半寸康成曰臘謂兩刃兩从半之鄭司農曰謂劒脊兩面殺趨鍔㠯其臘廣爲之莖口長倍之鄭司農曰莖謂劒夾人所握鐔㠯上也康成曰謂莖在夾中者莖長五寸中其莖設其後康成曰謂从中㠯卻稍大之也後大則於把易制參分其臘廣厺一㠯爲首廣而口之身長五其莖長重九鋝謂之上制身長三其莖長重七鋝

謂之中制身長三其莖長重五鋝謂之下制籀文从刀

刕

刀之會意

刕憐題切鄭歟仲曰削也又作⿱埶刕又作剿按劦⿰王劦从劦協⿱罒劦从劦說文有劦無刕故劦⿰王劦不見其聲凡字之从刀从力者多鵲互如勦與剿是也

則

⿰目刕卽惪切从貝从刀刀貝古之貨幣也輕重有則故取義焉說文曰等畫物也从貝貝古之物貨也⿰鼎刀古文

則籀文从鼎因之爲法則典則借爲辭助

分

分甫文切析也从刀从八分别之義也分之所受曰分扶問切

判

判普半切中解也古通作片

别

别冰列切分異骨體也从刀从冎别之義也既分曰别憑列切

剌

剌七賜切鋒刃朿入也从朿从刀朿亦聲

又作剚亦作倳史記蒯通曰莫敢倳刃公之腹李奇曰東方謂已物臿地爲倳漢書單作事師古曰側吏切又七力切小刺而深也又七侚切刺之重而㾜也別作戳戳引之爲識刺詩云維是褊心是已爲刺別作諫說文曰數諫也又爲閒刺詗刺秦置刺史蓋已刺事爲名別作覰說文曰闚觀也又力達切削聲也別作㓹說文曰楚人謂藥毒曰痛㓹

劓 魚器切刑割鼻爲劓又作𠠬說文劓刖鼻也臬聲

刵 仍吏切刑斷耳爲刵

魝 說文曰楚人謂治魚也讀若鍥孫氏古屑切集韻吉詣切解也

刀之龤聲

剛 古郎切刀鐵堅勁也詩云白牡騂剛毛氏曰牲也公羊作騂犅何休曰騂犅赤脊周牲也非

剡 㠯冄切刀鐵利也易曰剡木爲楫凡殺

剞 劂 剪

上者皆謂之剡周禮曰琰圭已易行考工記曰琰圭九寸鄭康成曰凡圭琰上寸半琰圭琰半已上又曰圭剡上𠂇又各寸半又作錟史記曰錟戈在後

剞居宜切又上聲劂居月切又九勿切剞劂曲刀也劂又作劂楚辭曰握剞劂而不用

剪子善切斷物交刀也又作鬋又作揃鬋翦士喪禮蚤揃如他日淮南子曰越人鬋髮楚辭曰盛鬋不同說文曰剪亝斷也揃滅也又再

切　割　削

加刀佐剪非

切千結切義不待訓不差輕重而一斷㠯㳒謂之一切俗音七計切

割古達切義不待訓

削息約切義不待訓凡殺下者因謂之削又爲刀名考工記曰築氏爲削長尺博寸合六而成規康成曰今之書刀也又息要切刀室也

小廿四

又作鞘韒又息敎切殺也又作揱又與稍通周禮

曰家削之賦又作娋說文曰小小侵也

刲

刲苦圭切割開也記曰刲之刳之

刌

刌倉本切切有分寸也亦會意

剉

剉粗卧切斬戳也與莝通又通作摧詩云

秣之摧之禍祿綏之

剟

剟都唑切細剉也

刎 剄 剸 ⿰亞刂 制

刎武粉切横割也

剄古頂下頂二切刎之周也

剸朱遄旨兖二切裁截亝正也又作剬⿰𢇍旨說文剬斷亝也⿰𢇍旨剸截也

⿰亞刂於加切又去聲剄也

制征例切裁制短長小大之亝也引之爲制作制度制古文别作製說文曰裁也入征例切莊周

曰制河吕東今作淛浙

㓝

㓝戶經切割正也引之爲㓝法爲典㓝爲儀㓝書曰觀厥㓝于二女詩曰儀㓝文王又曰尚有典㓝有罪者吕法㓝之割正其罪故墨劓剕宮殺曰五㓝說文㓝罰罪也从井从刀井法也刑刭也孫氏㓝戶經切按井非義幵非聲从幵者當自爲一音孫氏合爲一音者誤形郉鈃皆吕井爲聲王制曰㓝者侀也侀者成也一成而不可變此漢[illegible]士

刖　剕　刏

諸儒鑿說也⿰亻刖字他亦無見故不錄

刖 魚厥切刑斷足也古通作兀莊周曰兀者之屨無爲愛之說文刖𢇍也跀斷足也或作⿰𧾷兀

剕 扶沸切刖刑也

刏 渠希切刲也周官士師刏衈奉犬牲康成曰刏衈釁事也毛曰刏羽曰衈說文曰衈傷也一曰斷也又讀若⿰月豈五來切一曰刀不利於瓦石上刏之又居衣古外二切按刏無古外音

劃　剨　𠟍　𠞋　副

劃胡麥切。吕錐刀畫物也。說文曰：錐刀曰劃。又作劃，別作劐、剨、擭、掝。又音呼麥切。

剨呼麥切。理解砉然也。通作砉。莊周曰：砉然嚮然。

𠟍烏莖切。剄絕木膚也。

𠞋祖悅切。斷也。

副芳逼切。判析也。說文曰：判也。詩云：不坼不副

削

記曰爲天子削瓜者副之康成曰析也又作疈籒文周禮曰㠯疈辜祭四方百物康成曰疈牲匈也又愎戹切又作劈又替毄切說文曰破也按劈副疈實一字又叓赦切僭爲副貳之副又爲首飾名周官追師掌王后之首飾副編次詩云副笄六珈毛氏曰編髮爲之康成曰副之言覆所㠯覆首爲飾若今步搖矣

𠛱力櫱切決墆也又作𠛗歺聲僭爲陳𠛱

剖　辧　刳

各削因之爲行削本文蒦於偕義故捧削之削加衣爲製

剖蒲口切副開也中虛者曰剖

辧蒲蹇蒲莧二切分别也因之爲辧論之

辧亦作辯从言剝之六二曰剝牀㠯辧王氏曰足之上也朱子曰牀幹也

刳苦亏切刳中也易曰刳木爲舟書曰刳

剔孕婦又苦兵切

剜　削　剟　剔　劀

剜一官切取肉也削之㴱也别作⿰夗刂

剈烏玄切小割而㴱也

剟都括丁劣二切割取也又作腏說文曰挑取骨閒肉也史記吏治貫高榜笞數千刺剟身無可擊者漢書曰剟寢戶之簾

剔他歷切挑剔骨肉也

劀古活古滑二切又作刮刀刮次骨也周

刷　剝　刻

官㿜醫掌祝藥劀殺之齊康成曰劀刮去膿血也陸氏音刮

考工記刮摩之工玉楖雕矢磬說文刮掊把也劀刮去惡創肉也按此實一字

㕞所劣切刷近於刮輕重如其聲周官凌人夏頒冰掌事秋刷鄭司農曰刷除冰室也說文刮也㕞省聲

剝北角切披剝皮肉也說文曰或作𠬛从卜

刻苦旻切雕剔也刻與契㲉相通刻深於

刊 刪 剗 㔍 刜

契

刊 丘寒切 削除也 又作栞禹貢隨山刊木 史記作栞栞刊木也

刪 師姦切 芟煩也

剗 楚限切 削平也

㔍 匹蔑切 斜剬也

刜 分勿忽勿二切 揮擊也 傳曰宛子刜林雝斷其足

剽 劌 剴 劘

剽匹妙切輕疾也又乎聲與僄聲義相通又作慓漢書曰項羽慓悍禍賊引之爲剽掠剽劫說文剽砭刺也一曰剽劫也又勡从力劫也非

劌居衛切說文曰利傷也記曰廉而不劌

剴又來切又古哀切又太聲又渠希切劘也字林鎌也類篇摩也

劘莫皮眉波二切摩切也蘇林曰靡也孟康曰剴切也

古通作靡

刉　劊　勦　創

刉竹洽切刺入也

劊古外切屠割也說文曰斷也

勦子小切勦叉也書曰天用勦絕其命孔氏曰絕也傳曰無及於鄭而勦民杜氏曰勞也今本从力誤說見力部又作劋

創初良切傷也亦作瘡又作剏通作刅因之爲懲創遇傷而懲也去聲

刓　劑

刓五丸切削厺廉隅也楚辭曰刓方㠯爲圜史記曰印刓敝忍不能予又作园莊周曰五者园而幾向方又作抏平準書曰百姓抏敝子虛賦曰抏士卒之精

劑子隨切說文曰亝也周禮曰眂賣買㠯質劑康成曰謂兩書一札同而別之長曰質短曰劑今之券書也又曰掌邦國之約劑大約劑書於宗彝小約劑

劵

書於丹圖又爲丝量之刽丯細切

劵去願切說文曰契也凡劵別㠯一木契而別之合㠯爲信故曰契劵从刀从力者罷劵之

劵與倦同今書劵皆从力誤

刀之疑

利

𥝢力至切刀刃銛快無畱也引之爲利害之利爲貞利之利說文曰从和省和然後利𥝩古文按利稚季皆

从禾水清寒則瀊利別𠫓洌文非

罰房越切說文曰罪之小者从刀从詈未㠯刀有所賊但持刀罵詈則當罰

書傳之用爲刑罰呂刑㠯贖爲罰

斤俱欣切斧類說文曰斫木也象形按孟子曰稱斧斤㠯旹入山林莊子曰運斤成風斤斧類也李陽冰曰㠯鐵爲刃天生曲木爲柄象形剞劂之細稱偺爲

斤兩之斤十六兩爲一斤又詩曰斤斤其明毛氏曰明察也陸氏曰紀覲切伺謂斤昕也

析 斦 斷 斧

斤之會意

析先激切劈木也从木又斤析之義也

斦說文曰二斤也孫氏語斤切按質已斦爲聲孫音未聞

斷都管切截也斷之旣殊曰斷徒管切人人

𢇍因之爲決斷果斷都玩切

斤之諧聲

斧匪巨切斫器也詩云伐柯伐柯匪斧不

斨　斫　斲　斸

克通亦作鈇又亏斁毛氏曰隋銎曰斧

斨七羊切詩云既破我斧又缺我斨說文曰方銎斧也

斫之若切揮斧也又作斱

斲側略切說文曰斫也書云斲朝涉之脛又作戠剢

斸陟玉切小斫也說文曰斫也又作欘說文斫也齊謂之鎡錤一

斲　斯

曰斤柄性自曲者

斲丁角切斫木使應規巨繩墨之謂斲闕㠯此爲聲說文或作𣃔又作剢

斯息移切析之細也詩云墓門有棘斧㠯斯之亦作𣂺俗作凘借用有二其一爲辭助詩云螽斯羽又曰恩斯勤斯鬻子之閔斯其一與玆此同義玆此斯聲相近也

所

所疏與切說文曰伐木聲也引詩伐木所所按詩今作許

所之所偕義昌而本義晦

新

新斷人切木始斤斲新之義也衣始裁制初之義也

斤之疑

斬

斬阻減切說文曰截也从車斬法車削也按車削之説未然

弋

弋與職切說文曰橛也象折木衺銳著形从厂象物挂之也又曰橛弋也又作

戈

杙爾雅曰樴謂之杙在牆曰楎在地曰臬又雞卥於弋爲榤旾秋傳曰㠯杙抉其傷而死因之爲弋射之弋詩云弋鳧與鴈周官司弓矢矰矢茀矢用諸弋射語曰弋不射宿繳射爲弋別作隿說文曰繳射飛鳥也

弋之象形

戈古禾切考工記冶氏曰戈廣二寸內倍之胡三之爰三之鄭司農曰爰直刃也胡其孑稟成曰戈今句孑

戟也或謂之雞鳴或謂之擁頸內謂胡㠯內接柲者也已倨則不入

已句則不決長內則折歬短內則不疾康成曰戈句兵也主於胡已倨則胡微直而邪多㠯啄人則不入已句則胡曲多㠯啄人則創不決胡之曲直鋒本必横而取圜於磬折歬謂爰也內長則爰短爰短則曲於磬折曲於磬折則引之與胡㚘句內短則爰長爰長則倨於磬折倨於磬折則引之不疾

是故倨句外愽重三鋝康成曰愽廣也倨之外胡之裏也句之外胡之表也廣其本㠯除三病而便用也俗謂之曼胡佀此

廬人曰

戈柲六尺有六寸黄長睿銅戈辨曰戈之制有内有胡有爰詳此銅戈之制兩旁有刃横置而末鋭若劔鋒者爰也爰之下磬折稍剡而漸直若半頸之垂胡者胡也胡之旁有援柲之迹者内也爰形正横而鄭氏㠯爲直刃禮圖所畫若矛㮣然誤矣戈擊兵也可句可啄而非所㠯刺也是㠯衡而弗从鄭氏亦謂己倨則胡微直而邪多㠯啄人則不入己句則胡曲㠯啄人則創不決旣謂之啄則若鳥味然不癰其刃向上而直也觀夏商彝器銘文有作人形執戈者何戈者其戈皆横如斧戉而鋭若鳥味胡垂柲直與此銅戈之制同此最可證或曰戈自象其形非从

弋

戈又胡瓜切漢有戈船般軍別作划找鄭叜仲曰進篙謂之划又古火切劃也

戈之象形

戉

戉王伐切𢦏鍾鼎識文斧之長柲者也說文曰从戈乚聲按戉乃象形徐鉉曰俗作鉞非

戚

戉之龤聲

戚倉歷切戉類也詩云干戈戚揚毛氏

曰斧也別作鏚傳曰君王命剝圭㠯爲鏚柲俗義二癢痛在身謂之戚書云未可㠯戚我先王因之爲親戚詩云戚戚兄弟孟子曰卑踰尊疏踰戚謂骨肉痛癢相屬也又因之爲戚憂語曰小人長戚戚俗作慼又與慼通叔六切考工記曰不微至無㠯爲戚速也康成曰坐

人有名瘯爲戚者傳曰蓋呂操之爲
己戚矣按傳令作蹙後人所加也

戎

戈之會意
戎而融切被甲何戈戎之義也戎翟之
戎因之僭義三詩云烝也無戎康成曰助相也
又曰戎醜攸行毛氏曰大也曰纘戎祖考曰
呂左戎辟曰戎雖小子曰肇敏戎功毛氏
皆曰大也鄭氏皆曰汝也按戎汝聲相通

伐　戔

伐房越切㠯戈擊人伐之義也戰功因謂之伐又因之爲矜伐之伐自矜其功也又爲壘名房廢切

戔說文曰賊也从二戈孫氏昨干切易曰束帛戔戔吝吉馬氏曰委積皃又音餞子夏傳作殘殘按帛止於束非委積也戔義蓋闕

戈之龤聲

武

武亡甫切，威武也。傳曰止戈爲武。鄭氏仲曰武非从止，乃亡聲也。古文歌舞之舞作翌，撫綏之撫作攺，廊廡之廡作庑，有無之無亦从亡，皆㠯亡爲聲。古文武有作戊者，象執戈揚盾之形；有作𢧜者，取習用干戈之義。若止戈則文悳矣，非武之義也。且既曰止戈爲武矣，又曰偃武，亦不通矣。按鄭氏仲之說雖後出，而其義當；傳之言雖古，而其義非。旾秋中季去古未遠，而文字之傳已有譌者如此，學者當惟是之从，不可據古而非今也。武之僭義，二冠卷環額者曰武。記曰居冠屬武。又

戰　戡

曰玄冠縞武爲步武之武記曰堂上接武堂下布武

戰之扇切兵用也借爲戰兢之戰詩云戰戰兢兢語曰使民戰㮚寒凛恐懼振搖不自止也今俗作顫

戡枯含切芟乎也書曰西伯戡黎又曰戡定厥功又作𢦟說文戡刺也𢦟殺也引書西作𢦟黎又與堪通漢

忠曰王心弗戕

戮　戕　賊

戮力竹切刑誅也別作僇說文曰戮殺也按戮不必盡殺

戕慈良切从𢦏賊殺也傳曰自虐其君曰弒自外曰戕

賊昨則切戕害也說文曰敗也从戈則聲今俗書从貝从戎俗說貝戎爲賊蓋誤㠯賊爲盜書曰怙終賊刑又曰賊虐諫輔傳曰毀則爲賊竊賄爲盜今人習聞盜賊之稱因合而爲一盜賊二字本未嘗同也又詩云螟

戩　𢦏　戜　戢

螣蟊賊爾雅曰食節賊

戩卽淺切詩云俾爾戩穀毛氏曰福也說文曰滅也按戩與盡子忍切聲相近戩穀謂盡善也

𢦏收才切說文曰傷也

戜直結切說文作𢧢利也一曰剔也呈聲按呈非聲漢書車轔四戜至聲至譌爲呈也

戢陟太切斂兵也詩云載戢干戈凡收

戲　　戭

歛皆曰戢詩云鴛鴦在梁戢其左翼

戲香儀切又作戲說文曰三軍之偏也一曰兵也指麾亦謂之戲漢書諸侯罷兵戲下師古曰亦讀如麾又曰戲繐灌夫又偕爲戲游之戲亦作娭嬉因之爲戲謔之戲去聲又於戲爲歎聲與烏呼通

戭吕淺弋刃二切春秋傳高陽氏才子

戳

有楬戭說文曰長槍也

戳昨結切說文曰斷也詩云戳彼淮浦又曰海外有戳言戳然整亝也

戈之疑

戛

戛訖黠切戈歷也書云戛擊鳴球孔氏曰戛擊柷敔也明堂位作揩擊說文曰戟也从戈从百按戛無戟義

戊

戊莫候亾遇二切爿又己鼓戊祖戊匜戊沈子盉又戊鼓同

戊周䈪䥫說文曰中宮也象六甲五龍相拘絞戊承丁象人脅鄭敦仲曰戊亾撫切卽武字从戈肯汞執戈揚盾之象武之義也按許氏之說牽彊而於文義不通趙彥衛曰戊本讀如茂避唐諱讀如武或如務按茂㠯戊爲聲詩吉日維戊與禱好㠯劦趙說是也

戊之疑

成

成昔征切古今通用卒功謂之成說文曰就也戚古文从午伯曰柴望大告武成成之義也

戌　我

戌辛書切說文曰滅也九月昜气微萬物畢成昜下入地也五行土生於戊盛於戌从戊含一按戌之本義雖不可求从戊一聲借爲十二辰戌亥之戌伯曰戌郎戌也借戌吕爲辰名按戚幾皆戌聲

我五可切說文曰施身自謂也或說我頃頓也从手手或說古垂字一曰古殺字𢦏古文鄭敟仲曰我與戌戌戚皆从戈有殺伐之意說文不知會同取義而其說支離況我既从殺古文又从刀此爲殺義何疑許氏蓋惑於借

或　戟

小二百十八

義按蛾有蟻音義吕我爲聲借爲吾我之我

或說文曰邦也从口从戈吕守一一地也或作域从土孫氏亏逼切徐鉉曰今俗作胡國切吕爲疑或不定之意按或之本義不可求於書傳爲疑辭因之爲疑或孟子曰無或乎王之不知也今皆作惑按漢書猶皆作或

戟紀逆切說文曰有枝兵也从倝徐鉉曰倝非聲當从幹省幹枝也有枝長兵考工記曰車戟常戟廣寸有

𢦏

大八十

半寸內三之胡三之爰五之倨句中巨與刺重三鋝康成曰今三鋒戟也胡直中巨言正方也鄭司農曰刺謂爰也玄謂刺者著柲直歬如鐏者也胡橫田胡中巨則爰之外句磬折欶昜駟曰爰胡內當从黃氏戈說戟有爻所用吕又刺也故又手謂之戟手傳曰公戟其手别作擑　氏曰殺閞　擑

𢦏說文曰絕也一曰田器从从持戈古文讀若咸讀若詩云攕攕女手徐鉉

戠　必

小日九十四

曰銳意也孫氏子廉切伯曰卽俗尖字

戠 說文義闕孫氏之弋切

弋之諧聲

必 卑佉切弓檠也从弋八聲喪禮弓有柲康成曰弓檠也弛則縛之弓裏備損傷引詩竹柲緄縢按詩今作閉別作𩏁考工記曰天子圭中必康成曰讀如鹿車縪之縪謂㠯組約其中央爲執之㠯葡失隊按圭之有必猶弓之有柲皆㠯夾輔之也偁爲固必

弓　弜

之必卑吉切

居戎居弘二切揉木而弦之吕發矢也

弓之象形指事

食夜切手弓加矢弜之義也又食亦切

譌為射為䠶說文曰䠶从身从矢弓弩發於身而中於遠也篆文从寸寸法度也按弜之从身絕無義考之古器銘識然後見其字之正蓋从文之弓矢譌而為身又偏之又譌而為寸也文字之傳譌而鑿為說者凡皆若此矣古有僕弜之官御弜者也

小司十五

孫愐讀爲竿諏切乃俚俗之音又夷益亦灼二切僭爲猷𢎗之𢎗與斁通詩云不可度思矧可𢎗思

引

引余忍切挽弓也从丨象引而申之也凡牽引皆曰引所引之繂索曰引去聲記曰弔於葬者必執引又曰半則執引别作靷紖

⿴弓丶

弓徒案切行丸也又作彈彈之之彈弓聲别作⿰弓风

弦　弜　弼

弓之會意

弦胡田切从弓加糸弦之義也凡亟急者皆曰弦別作絃

弜說文曰彊也其兩切

弜之疑

弼房密切弓輔也說文曰輔也重也丙聲徐鍇曰丙舌也非聲𢻫書古文或作弻

弧　弤　弣

弓之龤聲

弧戶吴切易曰弦木爲弧考工記曰往體寡來體多謂之王弓弧弓亦然說文曰木弓也康成亦曰弧木弓也引之中曡謂倨句如三也

弤都禮切弓也孟子曰琴朕弤朕

弣斐父切弓把中也記曰遺人弓者又手執肅𠂇手承弣通作拊記曰弓則𠂇手屈

弝 彄 弭

韣軓弣又曰削授拊皆取手所把爲義陸氏音撫

弝必駕切弣也手所把故㠯弝名俗書

彄恪𠨡切說文曰弓弩端弦所居也

弭彌婢切弓梢末也詩云象弭魚服毛氏曰弓反末也康成曰弓反末彆必結切者㠯象骨爲之㠯助馭者解轡紒空滑也記曰又手軓耑康成曰耑張頭也說文曰弓無緣可㠯解轡紒者或作㢮傳曰幺軓

弩　彊

韥弭杜氏曰弓末無緣者既發矢必偃其弭故凡寢弭者皆曰弭詩云心之憂矣不可弭忘傳曰憂猶未弭曰自今以往矣其少弭矣周語曰吾能弭謗矣

弩乃古切弓有臂而設機者曰弩

彊巨良切弓力勁也引之則凡剛彊者皆曰彊通作強又上聲彊人以所不能所不欲

弶
張

之謂也別作勥𪟟說文曰迫也又去聲自勉也

弶其亮切㧓弧於道㠯罥鳥獸曰弶

張菑良切弓㧓弦也張之滿曰張去聲傳曰隨張必弃小國少師侈請羸師㠯張之張帷幕亦曰張漢書曰張御如漢王居又曰張歙三日史記曰㠯刀決張道从醉卒直出後人加巾作帳肌肉䐜起亦曰張傳

曰張𠂢債興別作脹水張盛亦曰張別作漲

彎

彎烏還切引引滿也說文曰持弓關矢也亦通作關孟子曰越人關弓而弢之

彀

彀古候切弓張滿也孟子曰羿之教人弢必志於彀

彌

彌民卑切張之盡也詩云誕彌厥月又曰俾爾彌爾性易曰彌綸天地之道皆取義

於此引之爲彌邑語曰仰之彌高鑽之彌堅又作瓕

弘

弘胡厷切拓之廣也說文曰弓聲也語曰人能弘道引之爲寬弘易曰含弘光大

弸

弸北耕切張急也

弮

弮具圓古倦二切弓曲也又作彏

發

發方伐切發矢也又補末切詩云鱣鮪發發

發

彈　弛　弢　弨

彈壁吉切弦也

弛施氏切解弛也又作𢐅㢽

弢土刀切弓衣也說文曰从弓从叏𠂹飾與鼓同意叏滑也一曰取也引詩弢兮逢兮孫氏土刀切按弢於聲是韜而於義是弢

弨蚩遙尺招二切弓弛而反也詩云彤弓弨兮

矢

式視切古文箭也象鏑及羽括僭義三詩云矢其文德矢詩不多吕矢其音矢猶寫也陳也又爲誓言書云出矢言孔氏曰語直也曰夫子矢之朱子曰誓也又爲矢溺之矢傳曰殺而埋之馬矢之中別作菌說文曰糞也俗作屎

矢之象形

矦

乎溝切張矦而函質的焉吕習弢志中

佐

也从厂象矦之張矢集其中又作侯說文曰从人从厂象張布矢在其下矦古文借爲公矦之矦古者爵五等公矦伯子男又爲發語辭詩曰瞻彼中林矦薪矦烝

矢之龤聲

矰

矰咨騰切周官司弓矢矰矢茀矢用諸弋弢說文曰矰隿成矢也康成曰矰高也結繳於矢謂之矰矰矢之屬七分三在前

矯　　矧

矯居夭切揉箭也說文曰揉箭箝也引之則凡弓亖在後按弋繳弢也矰矢茀矢皆用於繳弢非弓結繳爲矰也今其制蓋不可考矣

力矯揉者皆曰矯中庸曰彊哉矯漢書亦作撟又作譑荀子曰貪利糾譑

矧矤矢忍切說文曰矤況也詞也从矢引省聲从矢取詞之所之如矢也

按矧之本義闕用於經傳者其義二皆假借也其一爲笑記曰笑不至矧笑見齒

疾　族

本也亦作哂又作弞說文曰笑不壞顏也引省聲其一爲語辭與況通書云矧予之惪言足聽聞又曰矧曰其克从先王之烈曰矧女剛制亏酒

疾秦悉切矢行捷疾也偺爲疾病之疾說文曰病也从疒矢聲𤕫古文𤺻籒文按矢於聲不諧說具疒部李曰从矢疒聲又偺爲疾惡忿疾之疾别作㑵說文曰妎也一曰毒也又作嫉

族千木昨木二切矢鏑也說文曰矢鋒也束之族族也从

爿从矢按𥎦从矢𠂢聲从爿無義爿乃𠂢之譌又作鏃又千奏切漢志曰昜六爲律二曰太蔟說者曰蔟奏也言昜气大奏地而達物也亦作簇

矢之疑

短

短都管切說文曰有所長短以矢爲正豆聲按短之从矢義迂从豆聲非說文新附有矮字烏蟹切曰短人也从短省別作躷竒矮蓋俗書古謂之庳書傳爲長短之短

佐

矛

𥍝𥍞𥍟莫浮切刺兵長而無校者曰矛考工記曰酋矛常有三尺夷矛三尋孔氏曰如鋋而三廉說文曰戟古文从戈

矛之鑡𣪊

矜

矜居陵切又巨巾切說文曰矛柄也史記曰鉏櫌棘矜服虔曰呂棘作矛穫也師古曰矜與穫同矛鋋之把也按僅即矜字在詩矜與臻民劦按矜本矛屬借義有三詩云何艸不玄何人

不矜鄭氏曰無妻曰矜陸氏古頑切又曰俾予靖之居吕凶矜毛氏曰危也又云爰及矜人哀此鰥寡又曰不侮矜寡矜蓋危傷也按詩云爰及矜人哀此鰥寡矜非鰥也因之爲哀矜書云皇帝哀矜庶戮之不辜詩云矜此勞人又曰寧不我矜又爲矜莊語曰君子矜而不爭書云不矜細行兵絫大惪因之爲矜伐書云汝惟不矜天

左

下莫與汝爭能孔安國曰自賢曰矜

稍

稍所角切矛也亦作槊鐂熙曰矛長丈有八尺曰稍

矞

矞余律切揮矛吕進也故引之爲矞遑爲回矞亦作遹說文曰吕矛有所穿也一曰滿有所出也从冏从矛又況必切記曰鳳吕爲畜故鳥不矞康成曰飛皃陸氏曰亦作獝

干

干古寒切干蜀本說文盾也所用吕扞禦兵刃也

象形説文曰犯也从反人从一書曰稱爾戈比爾干戰者執干自蔽吕肻犯敵故因之爲干冒干犯書曰干先王之誅傳曰干國之紀曰天爲剛悳猶不干沓曰弗能敎訓使干大命後人不曉此義加女爲奸傳曰子又不奸之謂禮曰事不奸矣曰奸先王之禮曰奸絕我好陸氏皆音干奸乃姦之別文孟子曰吕食牛干秦穆公亦緣此義今人緣此有干求干請之語又僭爲河干江干之干易曰鴻

左

漸兮干陸氏曰水畔也鄭氏曰水旁故停水処詩云寘之河之干毛氏曰厓也又曰秩秩斷干毛氏曰澗也按干岸也吕爲澗者非

干所吕扞也故扞禦亦單作干戶旰切詩云公㑊干城傳曰扞城其民通作扞又作𣪘

干之指事

屰

屰仡戟切說文曰不順也从干下凵屰之也鄭㪟仲曰古戟字

干之疑

辛

辛 說文罪也从干从二二古文上字張林說孫氏去虔切按言辛聲

辛之疑

䇂辛息隣切 說文曰秋旹萬物成而孰金剛味辛辛痛即泣出从一辛辛皐也辛承庚象人股伯曰辛辛古篆多通用豈一字與 按辛之本義未達今用爲庚辛之辛爲辛辣之辛因辛辣爲辛苦爲艱辛

辛之會意

左

辥　辜

辥說文曰罪人相與訟也孫氏方免切

辛之諧聲

辜古乎切說文曰罪也𣧍古文从死書云與其殺不辜寧失不經又曰凡有辜罪乃网恆獲周禮曰㠯疈辜祭三方百物鄭司農曰疈辜披磔牲㠯祭若今旹磔狗祭㠯止風又曰凡沈辜侯禳飾其牲又曰殺其親者焚之殺

王之親者辜之康成曰辜之言枯也謂磔之又爲

孒辜說文嫴孒任也辜辠辟皆从辛

辥說文曰辠也𡴀負削切聲孫氏私列切

辛之疑

辥　辟

辟說文曰法也从卩从辛卩制其罪也从口用法者也孫氏必益切

按辟之本義未達其用於書傳者其

義十有二其音七爲刑辟之辟呂刑

墨辟劓辟剕辟宮辟大辟凡五君陳曰辟㠯止辟周禮曰㠯八辟麗邦法爲開辟之辟與闢通周禮曰大賓客前王而辟爲辟踊之辟發匈也亦作擗竝房益切君王爲辟書云克左右厥辟又曰祇爾厥辟又爲辟禳辟除之辟又爲辟法之辟書云我之弗辟詩

云辟言弗信亦作𨐨說文曰治也引書我之弗𨐨又爲辟置之辟竝必益切又爲遝辟之辟亦作避婢義切又爲頻辟邪辟之辟亦作僻病之隱者因謂之辟亦作癖芳壁切又爲辟歷之辟別作霹普擊切又爲辟緣之辟記曰天子素帶朱裏終辟大夫素帶辟垂鄭康成讀如裨冕之裨以繒采飾其側婢支切

辣 童

又爲辟喻之辟匹婢切亦作譬

辣郎達切味辛也俗書

童徒紅切說文曰男有罪曰奴奴曰童女曰妾从辛重省聲童籀文童中與竊中同从廿廿古文疾字按童之本義未達於書傳爲兒童之童男女未冠笄曰童十有五秊曰成童別作僮說文曰未冠也又作動類篇曰成人也

眸中有人景焉㠯其小也亦謂之童子

𢆉　羍

別作瞳牛羊未角者謂之童牛童羊別作犝說文曰無角也又作犝山無艸木者謂之童山別作撞曰月初出光暉夫揚謂之童籠別作曈眮曈

𢆉說文曰撖陟切利也从𢆉从入入一為𢆉入二為羊讀若餁孫氏而審切

𢆉之疑

羍說文曰所㠯驚人也从大从𢆉一曰大聲也一曰讀若瓠俗語㠯盜不止爲羍讀若籋孫氏尼輒切

𠬝又

羍之疑

𠬝愽号切 說文曰當罪人也从羍从𠬝𠬝服罪也 按書

傳𠬝拖爲𠬝

乂魚廢切交刀所用以剃乂艸萊之類象形說文曰芟艸也从丿乀相交或作刈亦通作艾 借爲乂治之乂書云有能俾乂又曰政乃乂又爲創乂 說文𢘅懲也孔氏曰乂治也又作嬖 說文曰治也

癸

癸癸鼎文癸居誄切說文曰冬時水土平可揆度也象水从三方流入地中癸承壬象人足癸籀文从癶从矢按說文之說甚鑿而不通書云一人冕執戣孔氏曰戣也吕癸鼎之文觀之殆侣三岐矛篆籀皆傳寫之譌也借爲壬癸之癸

樂

樂玉角切樂許子鐘文樂分寍鐘文樂商鐘文金石絲竹八音之謂樂上象鍾鼓崇牙下象其虡說文曰五聲八音緫名象鼓鞞木虡也从从木按樂非从从木吕古鍾文考之其下葢象虡上象鍾鼓之

屬閒樂而歡樂之之謂樂力角切好樂之謂樂五敎切

壴

豈鐘鼎文壴籀文壴說文曰陳樂立而上見也从中从豆孫氏中句切李陽冰曰中取象屮木出地之形豆取象陳籩豆之狀按壴樂器類屮木籩豆非所取象其中葢象鼓上象謼業崇牙之形下象建鼓之虡凿之象亦从中非中也伯曰疑此卽鼓字鼓擊鼓也故从攴

壴之會意

鼓

鼓公戶切㠯革冐木擊㠯出音爲鼓引之則凡考擊鍾鼓琴瑟有聲者皆曰鼓又作鼔說文曰鼓郭也春分之音萬物郭皮甲而出故謂之鼓支象手擊之𪔑籒文鼓鼔擊鼓也从攴从壴壴亦聲蜀本說文曰从攴言其攴然遠聞也按鼓不應有二字說文於弢字又曰支从𠂢飾與鼓同意蓋不能自壹其說从攴爲是擊鼓爲鼔猶著衣爲衣非有二字支乃攴之譌

鼓之龤聲

鼛　鼙

鼛古勞切周禮曰以鼛鼓鼓役事康成曰鼛鼓長丈有二尺鼓長則聲緩故以節力役古通作皋皋緩也

鼙部迷切小鼓也周禮曰旅師執鼙又曰中軍以鼙令鼓大射儀建鼓在阼階西應鼙在其東西階之西朔鼙在其北鼙小可執故中軍執以令鼓所謂朔鼙也旅長執以應之所謂應鼙也又作鼙鞞司馬

鼗　鼖

法曰鼙聲不過闟說文曰騎鼓也康成曰朔始也先擊朔鼙應之

鼗徒刀切有柄兩耳鼓也播以節樂周禮曰凡樂事播鼗又作鞉詩云置我鞉鼓曰鞉磬柷圉康成曰鼗如鼓而小持其柄搖之兩耳還自擊說文曰鞀遼也或作鞉鼗磬

鼖符分切周官以鼖鼓鼓軍事說文曰大鼓也八尺而兩面或作鞼古單作賁詩云賁鼓維鏞毛氏

鼜　鼟

曰大鼓也陸氏扶云切

鼜鼜周禮曰軍旅夜鼓鼜杜子春鄭康成讀若戚謂戒守鼓也擊聲疾數故曰戚司馬法曰昏三通鼓為大鼜夜半三通為晨戒旦明三通為發昫陸氏千歷切又七到切

鼟辻𤼲辻登二切鼓聲也說文鼟鼓聲也从鼓隆聲孫氏辻𤼲切按隆非辻𤼲之聲鼓聲如咽咽隆隆簡簡逢逢皆假借吕形聲不必盡制字

喜　嚭　彭

喜許己切笑樂也別作憙歖說文喜樂也歖古文憙說也欠部又有歎辛喜也乎聲又去聲

喜之諧聲

嚭匹鄙切說文曰大也春秋傳吳有太宰嚭

彭蒲庚蒲光二切鼓飾也易曰匪其彭明辨晢也說文曰鼓聲从壴彡聲徐鍇曰當从彡省聲按彡亦非彭之聲爲彭亨之彭腹張皃也又逋光切彊盛皃

嘉

詩云行人彭彭毛氏曰多皃又曰出車彭彭毛氏曰三馬皃又曰四牡彭彭毛氏曰彭彭然不㝵息又曰駟騵彭彭又曰百兩彭彭又曰有驪有黃㠯車彭彭按詩屢言彭彭取意略同毛氏隨文三變其說皆非也別作騯說文曰馬盛也引詩三牡騯騯

豈之龤聲

嘉古牙切善美也說文曰美也說文人部又有佳字善也古膎古

豈

身二切按古無佳字楚辭始有之實一字也

豈之疑

豈苦亥切說文曰還師振旅樂也一曰欲也登也微省聲按微於聲不諧按詩云飲酒樂豈豈和樂也从豈蓋本義爲豈樂亦作凱愷周禮曰王師大獻大則令奏愷樂傳曰振旅愷吕入亏晉是也引之爲豈弟樂易之謂也詩云豈弟君子又爲凱風

和悅之風也詩云凱風自南又祛里切偕爲反語詩云豈無他人曰豈不爾思正義夐於假偕故別之愷字

琴巨今切琴說文曰古文金聲从古文瑟斲木而弦之㠯絲彈之㠯成音象形亦作琴

琴之龤聲

瑟所櫛切二十五絃曰瑟瑟古文偕義二

琵琶簫

詩云瑟彼玉瓚又曰瑟兮僩兮大學曰瑟兮僩兮者恂慄也瑟蓋縝慄之皃或作璱說文曰玉英華相帶如瑟絃非又爲簫瑟

琵房脂切琶蒲巴切琵琶胡琴也徐鉉曰當作枇杷

簫先幺切歛樂也比竹㒳㒳合而歛之象比竹而約之書云簫韶九成詩云簫管具舉康成

曰編小竹管如今賣餳所歛者鄭氏曰𠕋大者二十三管長尺有三寸小者十有六管長尺有二寸今文作簫說文曰參差管樂象鳳之翼从竹肅聲按肅歗皆㠯𠕋爲聲𠕋之誤爲𠕋許氏未睹𠕋之本文故於肅曲爲之說而𠕋反㠯肅爲聲也又作箾傳曰見舞象箾南籥者舞韶箾者陸氏曰音𠕋徐氏曰音朔

弓末亦謂之𠕋記曰凡遺人弓者又手執𠕋𠂇手承弣

庚

庚庚鼎文𢀩古行切說文曰西方象秋旹萬物庚庚有實也庚承己象人鬳鄭敷仲曰鬲之類也亦三足按許氏之說傅會牽彊庚蓋鍾類故庸从之

庸

庚之諧聲

鏞余封切大鍾也詩云庸鼓有斁毛氏曰大鍾曰庸別作鏞書云笙鏞吕閒偕義有三書曰疇咨若旹登庸曰汝能庸命曰弗詢之謀勿庸曰車服吕庸庸庸之爲言用也常用之謂庸故庸有常義焉易曰庸言之信庸行之謹書云天秩有禮自我五禮有庸哉曰夏王

弗克庸悳周官㠯樂悳敎國子中和祗庸

記曰君子中庸常用之謂也周官民功曰

庸續用之謂也說文曰庸用也从用从庚庚更事也鏞大鐘也用

力於人謂之庸用其力則與之雇直因亦

謂之庸別作傭說文曰傭均直也又作𩫖說文曰用也从亯从自自知臭香所食也

声

声殸磬苦定切石樂也下象声之倨句上象

所縣籀文加攴又所以擊也後人又加石說文曰古文作硜

冊

𠕁楚革切𠕋郙敦文編策以書記也象形古者書以刀筆載之方冊削木為方編竹為冊亦通作策聘禮曰百名以上書於策不及百名書於方名文也既夕禮曰書賵於方若九若七若五書遣於策文多者書之冊少者書之方

也册必叁故事㠯叁名説文曰册符命也諸矦進受於王也象其札一長一短中有二編之形古作䈣按古者命公卿矦伯必有訓辭書之㠯册或㠯方非專㠯爲符命也一長一短乃傳寫文飾之變郘𣪊乃莫本文也

典

册之會意

典多𢓊切經訓常灋書之於册閣而藏之謂之典从从六所㠯度閣也𡍮𨻰之書謂之二典周禮六官之大灋謂之六典引而申

之大經常法皆謂之典書云天敘有典勑我五典五敦哉父子君臣夫婦兄弟朋友五者天之所敘而古今之常道也故謂之五典又曰有典有則曰茲率厥典曰訓典曰舊典又推之爲主典典掌書云惟典神天曰念終始典亏學曰典朕三禮曰命汝典樂傳曰典司宗祏又作籅敟說文敟主也

侖

侖龍音切，敘也。說文曰思也。从亼冊。侖籒文。說文籥从侖，侖理也。按侖理之說近之，思之說遠。又盧昆切。凡物之圜渾曰昆侖。圜而未剖檄曰渾侖。别作崐崘。或曰侖之侖乃本義。亼冊而卷之，侖如也。

侖之會意

龠

龠吕灼切，管樂也。从侖吅，象其空竅。又作籥。从竹。說文曰管之三孔，吕龢眾聲。从侖，理也。毛氏曰籥六孔廉成曰如篴三空陸氏曰長三尺䈰之吕無廣雅曰七孔因之爲升龠之龠十龠爲合十合爲升漢志曰本起於黄鍾之龠用度數審其容吕子穀秬黍中者千有二百實其龠吕井水準其槩十龠爲合十合爲升又因之爲鍵閉之管籥書云啟籥見書馬氏曰藏卜兆書管也月令孟冬脩鍵閉慎管籥康成曰鍵牡閉牝也管籥愽鍵器也亦作鑰吕金爲管故从金又作闗說文曰關下牡也按龠管也管爲牝

龡　龢　龤

龠之會意

龡尺爲切吹管也通作吹又尺僞切管樂通謂之吹說文作籥

龠之龤聲

龢胡戈切樂聲調也通作和

龤胡皆切樂聲和劦也通作諧又作⿰馬皆說文曰馬和也

甘　⿰甘皮

𠙹甘居之切竹器侈口㠯⿰甘皮㠯擧又作𠀠六⿰⿱声月殳說文曰箕从竹𠀠象形下其六也[illegible]𠀠丝古文[illegible]籒文假借有三書曰嗚呼曷其與居通爲語助又渠之切義與渠通指其人其物之辭也亦爲疑辭又居忌切詩云彼其之子與忌通

甘之龤聲

⿰甘叚補過切㠯甘揚去麄粃也

由　畚

由側辭切說文曰東楚名缶曰由由古文李陽冰曰大腹而含午曰由缶與缶小變形皆㠯午爲聲按由竹器也畚𤭛𤬪皆从由㠯是知爲竹器也象形

由之諧聲

畚布忖切又作畚何土器也說文曰𤭛屬蒲器也所㠯盛種傳曰楚蔿艾獵城沂稱畚築杜氏曰盛土器也又曰宰夫胹熊蹯不孰殺之寘諸畚杜氏曰㠯

㽘屬非有二物笘屬之說非也屮索爲之笘屬按畚特畚甾之

𤮐 𤭢 𠧟 疀 臾

𤮐蒲經切說文曰𢁉古杏切也杜林以爲竹器揚雄以爲蒲器讀若軿

𤭢陟呂切說文从宁从甾𢄼陟倫切也所以載盛米甾缶也

𠧟郎乎切說文𥂍也讀若盧盧𥂍篆文𥂍籀文又曰𠧟飯器以桺爲之按以桺爲之者盧也見皿部

疀楚洽切說文𣂬也古田器

臾臾剛貴切土籠也又作蕢語曰有何蕢而

過孔氏之門者說文曰蕢艸器也臾古文象形引論語何臾孟子曰不知足而爲屨我知其不爲蕢也趙氏曰艸器也又作簣从竹書曰爲山九仞功虧一簣語曰辟如爲山雖覆一簣按臾蕢簣實一字其畚類所㠯負土也故其形類屨

華

𠦒說文曰甾屬所㠯推弃之器也象形官溥說孫氏北潘切

糞

𠦒之會意龤聲

糞方問切埽除也从人収推𠦒釆聲說文曰推𠦒弃釆官溥說佀米而非米者矢字也按官氏之說糞粪亦㠯米爲聲亦作拚別作攢引之爲糞圂糞圂可㠯沃田圃故因之爲糞壅孟子曰凶秊糞其田又曰百畞之糞別作坌

𠦒之疑

畢

畢畢吉切說文曰田网也象畢形或曰由聲按饋食禮主人賓長及執事眡鼎宗人執畢先入康成曰畢狀如叉爲其佀畢星取名焉既錯鼎又呂畢臨載備失脫也記曰畢用桑長三尺刊其柄與末畢星佀之詩云有捄天畢按天畢正呂佀畢㒵名鄭氏反謂畢佀星誤矣又爲畢羅之畢詩云鴛鴦于飛畢之羅之康成曰小网長柄曰畢天官書曰畢曰罕車孫炎曰掩兔之畢也又作罼此二義者未知

其孰爲本義也借爲畢盡之畢饋食禮曰宗人告事畢猶言訖也書云惟民其畢弃咎猶言悉也或作斁說文斁盡也冠卷之餘者壓而著於武因曰畢喪服傳曰斬衰冠六升外畢康成曰冠卷肩後壓而縫著於武者也又作縪又記曰呻其佔畢爾雅曰簡謂之畢

互

互胡故切交木爲距也象形周官牛人祭祀

共𢆉牲之互鄭司農曰楅衡之屬康成曰若今屠家縣肉格亦作枑加木又掌舍掌王之會同之舍設梐枑再重故書作柜杜子旹曰行馬也交木爲互所㠯限距今謂之行馬𢆉牲之互亦如之所㠯限其奔軼也交互之義取焉或曰交互爲本義周官鼈人掌取互物㠯旹籍魚鼈龜蜃凡貍物鄭司農曰謂有甲滿胡龜鼈之屬說文曰罝罟也又作䇘䇘可㠯收繩也从竹中象人手所推握也或單作互徐鍇曰此

直象形周禮有梐互葢㠯交互遮闌也

卩

卩子結切古者爲卩㠯爲符信象骨卩之形說文曰瑞信也象相合之形周官掌卩掌守邦卩而辨其用㠯輔王命守邦國者用玉卩守都鄙者用角卩凡邦國之使卩山國用虎卩土國用人卩澤國用龍卩皆金也㠯英蕩輔之門關用符卩貨賄用璽卩道路用旌卩皆有期㠯反

卪凡通逹於天下者必有卪㠯傳輔之令通𢓊節

令

卪之會意

令力正切命令也卪㠯收之从亼合卪爲令也令之之謂令号聲僭爲鈴鐸之令詩云盧令令松根有伏塊如令謂之伏令艸有豨令其根如令而㬎謂之豨令亦曰豬

印

令（别作苓）又借爲令善之義令人令月是也

印於刃切按璽卩㠯卷也故璽亦謂之印按之之謂印於棘切吕氏春秋曰若璽之於塗也印之㠯方則方印之㠯圜則圜（說文曰印執政所持信也从爪从卪𢑏按也从反印印於棘切按印从𡕒又不从爪說文多㠯𡕒又爲爪印𢑏實一字）因之爲印揚之印印而下也借爲發語辭與繄相近（今作抑）

云

𠨍　厀　卷

𠨍說文曰巽从此闕孫氏士戀切

卩之龤聲

厀息七切脛卩也又作膝

卷巨員切卩之卷曲也說文曰厀曲也引之則凡卷曲者皆曰卷詩云有卷者阿山阿拳曲也手指之曲亦曰卷中庸曰一卷石之多亦作拳髮之曲卷曰卷詩云卷髮如蠆別作

卲

鬈身之曲局曰卷說文⿺走雚行⿺走雚趚也一曰行曲脊皃角之卷曲者曰卷别作觠曲而轉曰卷居轉切詩云我心匪席不可卷也别作捲卷之成軸爲卷居願切圜規亐外曰卷起權切冠武亦曰卷與圈通又古本切與衮通釋名曰畫卷龍於衣故曰卷叜空考之

卲實照切說文曰高也

卸 色 艴 卮

卩之疑

卸司夜切說文曰舍車解馬也从卩上午讀若汝南人寫書之寫

色所力切顏色采色也說文曰顏气也从人从卩𢘄古文

色之諧聲

艴叓勿切拂於中而見於色也孟子曰

曾西艴然不悅

卮說文曰科卮木節也厂聲徐鉉曰厂非聲賈侍中曰卮裹也一曰卮蓋也孫氏

卮　幻

又果切疑非說文本音

卮章移切說文曰圜器也一名觛徒旱切所㠯節飲食象人卪在其下也

按記曰敦牟卮匜非餕莫敢用康成曰酒漿器

胡關切兩環相毌也上象其紐又作環

僭爲幻惑幻妄之幻去聲書曰無或譸張爲

幻

幻之轉注疑

云

予

𢆶余呂切說文曰𢆶推予也象相予之形𢆶相詐惑也从反予引書按說文之說絕無意義經書傳予之上聲與与通予之平聲與余通

丯

丯苦計切說文曰丯艸蔡也象艸生之散亂也孫氏古拜切按說文之說絕無理丯卽契也又作㓞加刀刀所以契也說文曰巧㓞也孫氏恪八切又作契大聲說文曰大約也从大从㓞古未有書先有契契刻竹木以為識丯象所刻之齒耒

㠯丰爲聲昜曰上古結繩而治後世聖人昜之㠯書契呂氏春秋曰契舟求劒周官薙氏共燋契㠯待卜事（康成曰契契龜之鑿也）詩云爰始爰謀爰契我龜（毛氏曰開也又作栔說文曰刻也）因之爲契券刻畫竹木而剖分之各執其一㠯合信周禮曰聽取予㠯書契列子曰宋人有㝵遺契者歸而數其齒曰富可待矣因之爲契合契與

刻轂義相近故又因之爲契蔑猶言刻蔑也苦結切别作鍥借爲契闊之契詩云死生契闊又悉結切借爲稷契之契亦作禼

卜

卜卜博木切灼龜吕卜吉凶也象焌契一說象龜兆之从衡

卜之象形會意

兆

𠁰治小切灼龜坼也𠁰象其坼𠁰古文季

曰古文爲正从卜小聲周官太卜掌三兆之法一曰玉兆二曰瓦兆三曰原兆卜師掌開龜之三兆一曰方兆二曰功兆三曰義兆三曰弓兆引之爲墓兆既攺土斷謂之兆士喪禮曰掘四隅外其壤掘中南其壤所謂兆也僭爲億兆之兆十萬爲億十億爲兆

占　卦　貞

占職廉切既卜眂兆而辯論其吉凶曰占从卜从口占之義也既筮占亦如之又去聲漢書曰令商賈各㠯其物自占令人因用爲占據之占俗作佔卜之諧聲

卦古賣切易卦也

貞知盈切說文曰卜問也从卜貝㠯爲贄京房說鼎省聲按京說爲

是古文貞正从从鼎从貝者鼎之省也周官大卜國大貞卜立君卜大封又曰大與大師則貞龜又曰季冬陳玉㠯貞來歲之媺惡康成曰貞問於正者也必先正之乃从問焉貞龜者正龜於卜位也傳曰衛侯貞卜杜氏曰正卜夢之吉凶吳語曰請貞於陽卜又易內卦爲貞外卦爲悔書曰乃命卜筮曰貞曰悔傳曰蠱之貞風也其悔山也又本卦爲貞變卦

爲悔𧨏語曰筮之𡕥貞屯悔豫貞之爲言

正定其吉凶也易曰吉凶者貞勝者也天

地之道貞觀者也日月之道貞明者也天

下之動貞夫一者也楚辭曰攝提貞于孟

陬凡事不吉則凶而人有疑焉卜筮之知

足㠯決正之故曰貞卜貞有專固正靜之

義焉故内卦爲貞外卦爲悔本卦爲貞變

用

卦爲悔昜曰乾元亯利貞其於三旹也當冬文言曰貞固足吕幹事屯之六二曰女子貞不字又曰小貞吉大貞凶晉人曰豈可見黄門而稱貞貞之義居可知矣正不足吕盡之是先人之訓也

卜之疑

用余訟切書傳通吕爲拖用之用用宣盦文吕

云

此爲鍾說文曰用可拖行也从卜从中衛宏說𤰈古文一說此本鏞字象鍾形僭爲施用之用

用之龤聲

𤰈𥤀北𥤀祕二切具所用也又作備加人說文曰具也从用茍省聲

甯乃定切說文曰所願也盌省聲　按甯義闕𠶷秋衛有甯氏

甫　外

用之疑

甫方巨切說文曰男子美稱从用从父父亦聲俗爲甫田

甫艸之甫毛氏曰大也

外五會切外與內對外爲昜內爲侌外爲表內爲裏說文曰遠也卜尚平旦今夕卜於事外矣

孫奎謹校

六書故弟二十九

六書故弟三十

永嘉戴侗

絲

工事六

絲 息茲切象絲出於絸說文曰糸細絲也象束絲之形讀若絸糸古文絲蠶所吐也从二糸徐鍇曰一蠶所吐爲忽十忽爲絲糸五忽也按絲非一絸之緒故兩其象㠯太義其有偏旁者則从省文非有二字也

絲之象形

系　　繇

系胡計切絲所聯屬也象形亦作𦃃說文曰系繫也丿聲𦃃籀文與繫通說文曰系或作毄又係絜束也褫帶也

系之諧聲

繇余周切系也卜筮皆有繇蓋系頌系辭也周官占人凡卜筮既事則繫幣以比其命歲兵則計其中否若黃帝戰于阪泉之類所謂繇也陸氏曰直救切又與由通

用爾雅曰繇道也說文曰隨从也徐鉉曰俗从䍃又餘招切遠㒼役也漢書曰高帝嘗繇咸陽又作徭徭應劭曰繇役也師古曰與徭通塞外羈役之繇亦謂之徭蓋取此義又作傜說文曰喜也自關㠯西物大小不同謂之傜

率

率劣戌切伯曰大索也上下兩端象所用絞率者中象率旁象麻枲之餘別作繂繂類篇曰索也又爲率帶之率記曰率帶諸侯大夫皆

亖采士二采又曰士練帶率下辟凡帶有
率無箴功𢆯成曰率繂也傳曰藻率鞞鞛
杜氏曰藻率吕韋爲之所吕藉玉非也藻
亖采也吕亖采率帶也鞞鞛蓋與帶相屬
又爲彀率孟子曰羿不爲拙弢變其彀率
說者曰彎又所律切說文曰捕鳥畢也象
弓之限也絲网上下其竿柄也
按上下竿柄僣爲率循之率書曰率循大
之說未通
亍詩云交交桑扈率場啄粟中庸曰率性

之謂道因之爲率先率領别作䢦說文曰先道也因之爲將率之率與帥通所類切又借爲率尒之率所律切

𢇍

𢇍情雪切斷絲也象絲而絕之又作絕从糸从刀卩𢇍說文曰𢇍古文漢書𢇍者不可復續

𢇍之轉注

㡭

㡭古詣切續斷也反𢇍爲㡭俗作繼

綏

絲之會意

綏息遺切車中㳄繼所爰㠯升者也語曰升車必正立執綏記曰君車將駕則僕奮衣由又上取貳綏君出就車則僕并轡授綏凡僕人之禮必授人綏又曰執君之乘車僕者負良綏申諸幦㠯散綏升說文曰車中把也从糸从妥徐鍇曰升車必執綏所㠯安也當从爪从安省按綏無安義引之

爲撫綏之義書曰三百里諸侯五百里綏服又曰克綏厥猷曰綏厥士女曰撫綏萬方曰綏予曰無毖于恤詩云綏我眉耇曰綏以多福曰福履綏之曰以綏後祿語曰綏之斯來謂來接受引之也綏綏妥多互用記曰武車綏旌陸氏耳佳切此以綏爲綏者也記曰軑天子之器上衡國君於衡大夫則綏之又曰國君綏視大夫衡視康成皆讀爲妥此以綏爲妥者也

絸

絲之龤聲

繭絸古典切蠶吐絲所自包裹也又作繭說文曰蠶衣也从糸从虫徐本从芇省唐本从芇絸古文爾雅蟓桑繭雔由樗繭棘繭欒繭蚢蕭繭按虫之爲繭者非一惟蠶繭可繅爲絲衣以繭絮之者因謂之繭記曰子羔之襲也繭衣裳康成曰若今大纊又曰纊爲繭緼爲袍康成曰衣有著之異名也別作襺說文曰袍衣也

繅　緒　統

繅穌遭切抽絸取絲也又子皓切與繰互用別作繰

緒徐呂切抽絲之端緒也

統他綜切合衆繭之緒而抽之繅之統也甌人呼他鄧切引之則凡統緒皆曰統禮曰大宗者尊之統也孟子曰君子創業垂統紬統之曰統上聲易曰乃統天書曰統百官禮

曰尊者尊統上卑者尊統下說文曰紀也不然

縷

縷力主切絲麻之縷可經緯者也周官典枲掌布總縷紵麻艸之物孟子曰麻縷絲絮

絡

絡力久切說文曰緯十縷爲絡按縷絡一聲實一字也甌人㠯纅餘粗絲爲絡

綫

綫私箭切大絲所用縫紉者也又作線周

絪　緬　　緢　紬

禮縫人掌縫線之事

絪穌計切絲之微者也

緬彌兗切細不絕也說文曰微絲也令之絡者別其絲最細者爲緬次曰大緬凡緬皆㠯爲緯又作絤

緢彌遙切細而毛也說文曰旄絲也

紬直由切抽取純緒也令人織大絲爲繒

絡　繹　紡

亦謂之細說文曰大絲繒也

絡盧各切既繅而絡之去其纏纇別其經緯也引之爲羅絡爲籠絡

繹羊益切重絡也凡反覆紬繹皆曰繹語曰繹如也㠯成曰繹之爲賚祭之明日再祭因謂之繹

紡甫网切㠯車絡絲欲其緊也傳曰紡焉

繀

㠯度而厺之㠯紡絲爲縉者因謂之紡聘禮曰賄用束紡康成曰紡紡絲所爲今之縛也說文曰网絲也蜀本作㧊絲按爲网者必紡其絲故許氏云因爲纏縛之義晉語曰執而紡於廷之槐

䌖穌數切說文曰著絲於筟車也說文繹筳曰繀絲筦也筦筟也筟筳也繀又取猥切按筟車紡車也著絲於筳著筳於車踏而轉之所謂紡也

紽　緎　緵

紽 徒何切。詩云：素絲五紽。毛氏曰：數也。

緎 亐逼切。詩云：素絲五緎。西京襍記曰：五絲爲䌰，倍䌰爲升，倍升爲緎，倍緎爲紀，倍紀爲緵，倍緵爲襚。爾雅曰：緎，縫也。孫炎曰：縫之界緎也。按詩末章云：羔羊之縫。則此不复爲縫矣。紽、緎、緫皆㠯五，疑皆絲之量數，顧今無所考。尒說文黬，羔求之縫，从罬。

緵 子紅切，又去聲。史記景帝令徒隸衣七緵布。正義曰：蓋今七升布，言其粗也。如西京襍記之說，當爲八升。七緵當爲五

十六升矣必無此理漢書十緵布二匹孟康曰緵八十縷也爾雅曰緵罟謂之九罭

綜

綜子宋切合絲爲縷機所用提經也又子鄧切與緵疑當合綜之曰綜上聲易曰錯綜其數

經

經堅靈切又去聲軸所持絲也經从而緯衡經長竟而緯可接續凡爲布帛必先經而後緯故經始經營經常之義生焉

緯

緯亐貴切杼所持絲也經从而緯衡又羽

𦃃織

鬼切一說束也

𦃃說文曰織絹㠯絲毌杼也丱聲孫氏古還切

織質力切經之緯之㠯爲希帛謂之織又作紩說文曰樂浪挈令織从式染絲織成文采謂之織郎吏切書曰厥匪織文孔氏曰錦綺之屬周禮曰受文織絲組焉詩云織文鳥章記曰士不衣織康成曰染絲織之也

紹　續　纘　緫

𦀌市沼切接繼統緒也說文曰𦀌古文从邵

續似足切繼絕也說文曰賡古文从庚从貝

纘作管切紹續組織之成功也書云纘禹舊服詩云載纘武功中庸曰纘太王王季文王之緒說文曰繼也與纂通記曰纂乃祖服

緫作孔切合而緫之也俗作總與捴通說文曰聚束也徐鉉曰俗作摠非書云無緫亏貞害緫角撮髮

級　給　緩　紓

也緫撮聲相通記曰櫛縰笄緫又祖叢切

詩云素絲五緫毛氏曰數也

級紀立切絲次弟也

給居立切經緯相給足也說文曰相足也語曰禦人己口給因之爲周給

緩胡玩切不急也說文作䌶从素

紓商居切緩之也

縱　綽　䌳　絿　緊

縱足用切舍之使緩也俗作縱

綽尺約切寬緩有餘裕也詩云寬兮綽兮

孟子曰綽綽然有餘裕說文作繛从素

䌳昌善切說文曰偏緩也又作繟說文曰帶緩也

絿渠尤切詩云不競不絿不剛不柔毛氏曰急也按詩剛與柔歘言競與絿歘言絿當爲弛緩意

緊約忍切丂急也

紾　綟　縮

紾止忍切絲縿轉也考工記曰老牛之角紾而昔謂其角理紾轉也孟子曰紾兄之臂而奪之食謂轉戾其臂也

綟洛計切轉之急也說文曰綟帛戾艸染色亦單作戾素問曰其病綟戾又力結切絞之急也與捩通

縮所六切絲緊綟而短縮也贏縮之義生

馬僭爲縮酌之縮周禮曰醴齊縮酌記曰縮酌用茅明酌也康成曰醴齊尤濁泲之以茅縮去滓也又僭爲衡縮之縮記曰古者冠縮縫今也衡縫縮直也孟子曰自反而縮

繽

繽毗民紕民二切繽紛絲褋亂皃楚辭曰旹繽紛以變易曰佩繽紛其繁飾又作䌯說文曰閈連結䌯紛相牽也又作闠

紛　紜　綮

紛叓文切絲緐不治也說文曰馬尾韜也亂絲散帛可用㠯指拭者因謂之紛記曰左佩紛帨別作帉說文曰楚謂大巾曰帉

紜王分切紛紜絲亂也孫子曰紛紛紜紜鬭亂

綮遣禮切絲䋁結也說文曰緻繒也一曰徽幟信也有齒筋肉之承盤結者因謂之綮莊子曰技經肎

紊　紿　繲

綮之未嘗司馬彪曰結処也冐綮又作冐胥徐鉉曰肥腸也非

紊亾運切經理錯亂也

䜌呂員切又洛官切說文曰亂也一曰治也一曰不絶从言从絲會意按此疑卽亂字詳具𤔔部

紿他亥徒亥二切說文曰絲勞卽紿俗爲欺紿之紿別作詒說文曰相欺詒也

繲古隘切絲纇繣也莊周曰挫鍼治繲

䌰 纇 ⿰糸璽 紇 素

䌰 尼攝切絲接峻也〔西京襍記曰五絲為䌰倍䌰為升〕

纇 盧對切說文曰絲節也傳曰刑之頗類

俗用類字

⿰糸璽 商支切說文曰粗緒也〔徐鉉曰今俗作絁〕

紇 下沒切說文曰絲下也

素 桑故切又去聲帛未染曰素𠂹省聲〔說文曰白致繒也从𠂹取其澤也〕素無文采故因之為空虛

之義詩云不素餐兮記曰素隱行怪傳曰與其素屬皆此義也素爲文采之質在會畫之先考工記曰會畫之事後素功因之爲故素素兮素素凡在事先之義喪禮所謂飯素食傳曰不憖兮素中庸曰素其位而行皆此義也因之爲才樸之素禮曰獻才獻素康成曰形法定爲素俗作塑塐又借爲鄉義別作傃

純

純常倫切帛之粹者也士冠禮爵弁服純衣康成曰絲衣也語曰麻冕禮也今也純儉引之爲純壹詩云文王之悳之純易曰剛健中正純粹精也假借之義三爲衣純主尹切緣也書曰篾席黼純記曰具父母大父母衣純㠯繢具父母衣純㠯青又辻渾切詩云白茅純束毛氏曰純束猶包之也康成曰裹束也陸氏讀如屯朱子

曰迖尊切又𢎞禮二算爲純康成曰純猶全也耦会昜陸氏曰如字投壺禮音全非

縞

縞古老切粗於縈曰縞書云厥篚玄纖縞孔氏曰玄𦊱繒縞白繒也或曰細繒也記曰大祥縈縞麻衣又曰祥雖不當縞者必縞又曰縞冠縈紕旣祥之冠也㠯縞爲未純吉之服而縞冠乃㠯縈紕之明縞粗於縈也細繒之說非粗則

不能密致故絭問曰生於心如吕縞裹朱生於脬如吕縞裹栝樓實史記曰彊弩之極矣不能穿魯縞

纖

纖恩兼切帛精細者書曰厥篚玄纖縞記曰祥而縞禫而纖孔氏曰纖爲玄與縞之細鄭氏曰纖爲罽經白緯皆非也禫則純吉矣又何白緯之有玄纖縞實爲三物縞粗而纖細引之則凡纖細者皆曰纖別作孅說文曰兌細也

繒　絹　綈　紈　綾　絁

繒疾陵切說文曰帛也記曰削祭祀瘞繒說文曰縡籀文从宰省

絹吉緣切今人通謂繒爲絹說文曰繒如麥稍

綈杜兮切說文曰厚繒也

紈胡官切說文曰素也

綾力膺切絁地而織文也

絁商支切徐鉉曰卽繵字

綺　綃

綺丘倚切說文曰文繒也織采爲文曰錦織素爲文曰綺

綃相幺切生絲薄繒也記曰君子狐青亦豹褎玄綃衣㠯裼之士昏禮曰姆纚笄宵衣康成曰宵讀如素衣朱綃之綃魯詩綃爲綺屬也姆亦玄衣㠯綃爲領因㠯爲名且相別爾饋食禮曰主婦纚笄宵衣康成曰宵綺屬也此衣染之㠯黑其繒本名曰宵詩有素衣朱宵記有玄宵衣按詩無素衣朱綃康

紗

成於士昏禮饋食禮一作綃一作宵必有一誤一㠯爲領一㠯爲衣未免自相舛綃蓋輕薄之物下有絫衣㠯此加其上猶衣錦尚絅也又作䌹記曰希

幕衛也縿幕𥃩也康成曰縑也讀如綃

紗師加切輕繒畧所服也古單作沙說文無紗字周官王后之六服褘衣揄狄闕狄鞠衣襢衣緣衣絫沙康成曰令之白縳也六服皆袍制㠯白縳爲裏使之章顯令古沙縠之名出于此又麻縷而紡之者爲紗類篇

縳　縠

一曰紡繡也

縳樞絹切又柱沇切說文曰白鮮色㢘成曰紡絲爲之類篇曰雙縳致繒也紡𦀚絲爲之又周禮曰百羽爲摶十摶爲縳㢘成曰束名也陸氏古本切沈氏除轉切按專非古本之聲爾雅曰十羽謂之縳百羽謂之緷左氏傳曰鮮虞㠯帷縳其妻而載之

縠胡谷切說文曰細縳也按縠紡之精者也其文緊蹙故曰縠

縑　縝　緛　縐

縑古恬切說文曰幷絲繒也淮南子曰絲之質白縑之性黃按縑疑當作兼二丈爲端二端爲匹爲兩爲兼兼匹兩之義一也今人猶以匹爲兼

縝章忍切密致也記曰縝密以㮚與彭真通別作稹非絲髮之縝至矣禾不足言也

緛而沇切說文曰衣蹙也類篇曰緎也緎縮也聚文也王冰曰縮也

縐側救切綃縠緊蹙也詩云蒙彼縐絺別

縟　紑　縵

作皺又作𧝓

縟而蜀切織采繁縟也

紑匹丠切輕潔皃詩云絲衣其紑毛氏曰潔鮮皃

舅駟曰輕皃

縵莫半切說文曰繒無文也周官卿乘夏縵康成曰無瑑也傳曰降服乘縵杜氏曰無文也與漫通

又去聲縵被之也與鞔通周官凡祭祀奏

絅　練

縵樂謂琴瑟之屬被之㠯絲也記曰不學操縵不能安絃

絅口迥切記曰禪爲絅中庸曰衣錦尚絅惡其文之著也又作䌹士昏禮女从者被頴黼康成曰禪也又作褧詩曰衣錦褧衣裳錦褧裳康成曰衣裳用錦而上加禪縠焉

練郎甸切㠯灰孰治也絲帛曰練金鐵曰

緅 緇 紅

鍊通曰湅別作敹潄

緅緇鳩切考工記曰三入爲纁五入爲緅七入爲緇說文新附緅青黑色康成曰纁三入而成再染以黑爲緅今禮俗文作爵言如爵頭色也又再染以黑乃成緇矣

緇側持切說具緅下說文曰黑色也或作紂

紅戶工切朱之類也漢書錦繡纂組害女紅者也又以此爲女功之功

紫

紫將此切說文曰帛青赤色語曰紅紫不㠯爲褻服說者曰紅紫閒色不正不㠯爲褻服則上服可知　又曰惡紫恐其亂朱也閒之仁宗耑有紫帊爲油所漬其色竊玄因命染人放而爲之謂之油紫令三品㠯上朝服用此其染之㠯紫艸色近玄谷之紫近絳謂之北紫亂朱者北紫也紅紫色之豔者故不㠯爲褻服而已紅非閒色也

絳

絳古巷切說文曰大赤也按今人㠯茜艸染帛謂之茜紅蒨絳也說文績赤繒也㠯茜染故謂之綪

縓　緹　縉

縓七絹切說文曰赤黄色也爾雅一染謂之縓再染謂之赬三染謂之纁喪禮裳縓綼緆康成曰一染謂之縓今紅也陸氏曰淺赤纁色喪服公子爲其母麻衣縓緣爲其妻縓冠

緹他禮切說文曰丹黄色或作衹周禮曰赤緹用羊康成曰縓色漢有緹騎

縉卽刃切說文曰帛赤色也春秋傳有縉雲氏說文引禮有縉緣按禮止有縓緣縓縉聲相近豈卽一字與

緋　綠　紺　縹　綦

緋甫微切今人㠯絳爲緋說文新附帛赤色也

綠力玉切說文曰青黄色也

紺古暗切說文曰深青揚赤色

縹鋪沼切又平聲說文曰帛青白色也罜熙曰淺青色

綦渠之切又作綥說文曰艾蒼色从糸畀聲引詩縞衣綥巾未嫁女所服一曰不借書曰三人綦弁孔氏曰文鹿子皮或作綦詩云縞衣綦巾毛氏曰艾蒼色鄭氏曰綦艾也記曰玄冠綦組

纓士之丝冠也陸氏曰襟色也又曰君子佩瑜玉而綦組綬孔子佩象環五寸而綦組綬康成曰文襟色也詩云其弁伊騏毛氏曰騏文也鄭氏曰騏當作綦按綦騏實通用毛氏曰蒼䄪曰騏說文曰騏青驪文如愽棊也蒼䄪騏文艾蒼色子鹿皮大略皆蒼色也襟文愽棊之說恐不然又爲纓系士喪禮纓組綦繫于踵康成曰纓系也所吕拘止纓也讀如馬絆綦之綦陸氏曰一音夻聲記曰偪纓著綦又假借之義與極

緗　纔　繰

同荀子曰綦大而王綦小而亾目欲綦色

目欲綦聲

緗息良切說文新附帛淺黄色也覃熙曰如嫩桒色

纔徂來切說文曰雀頭色一曰微黑如紺纔淺也讀若讒按纔一入色之淺也故引之則甫尒爲纔

繰子皓切五采絲織成也與藻通與繰互用說文曰繰帛如紺色或曰深繒讀若喿周禮曰王位加繰席康成

繡

（曰讀如藻率之藻削蒲蒻展之編㠯五采若今合歡矣）又曰王晉大圭執鎮圭繅藉五采五就公侯之圭璧皆繅（康成曰繅有五采文）聘禮諸侯覲天子圭與繅皆九寸繅三采六等朱白倉記曰天子玉藻十有二旒（康成曰褋采曰藻天子㠯五采藻爲旒）又曰天子之冕朱綠藻（又作璪）

繡息救切㠯五采綫絺刺爲文章也（又作綉）

絢　繢　纈　縫

絢許掾切子夏問曰詩云素以爲絢兮何謂也孔子曰繪事後素聘禮問諸侯朱綠繅皆絢組康成曰采成文曰絢

繢黄外切會五采以畫也說文曰織餘也考工記謂色之工畫繢古單作會又作繪

纈戶結切染繒成文采也

縫符容切又作綘縫衣也縫之所合爲縫厺

紉　紩　綴

轂

紉女鄰切穿鍼也記曰衣裳綻削紉箴請

補綴說文曰紉繟繩也繟帶綬也一說合絲爲紉

紩直質切說文曰縫也

綴陟衛切縫聯也本單作叕又樂有綴兆

記曰綴兆舒疾樂之文也謂樂舞者行削

之聯也康成曰綴謂贊舞者之位陸氏丁劣切徐氏丁衛切徐音佀是又

陟劣切士喪禮始死綴足用燕几康成曰猶拘也爲収屨恐其辟戾也

緝

緝七入切縗衣裳𠀤也喪服傳曰斬衰者不緝也又爲緝績麻枲之緝引之爲整緝緝理詩云學有緝熙于光明亦作緁說文曰緝績也緁縗衣也或作[糹習]孫氏七接切又作[衤疌]說文曰襝緣也徐鍇曰鍬縗之也緁又側洽切賈誼曰緁以偏諸師古音妾

緶　紕

緶毗連切緝也說文曰交枲也一曰緁衣也

紕頻脂切以帛緶衣冠之旁也說文曰氐人𦈌也孫氏畀履切記曰縞冠素紕康成曰緣邊也讀如裨益之裨又曰韠紕以𧇊韋六寸康成曰在旁曰紕在下曰純詩曰孑孑干旄素絲紕之毛氏曰紕所以織組也緫紕於此成文於彼願以素絲紕組之法御三馬也康成曰素絲爲縷以縫紕旌旗之旒縿或以維持之按紕緶聲相近義相通康成縫紕之說是也維持之說與毛氏之說俱非又篇

綖　纚

夷切經緯不相持之謂紕錯亂之謂繆

綖夷然切冕上覆也傳曰衡紞紘綖亦單作延記曰肩後邃延

纚所綺所買二切士冠禮曰緇纚廣終幅長六尺又作縰記曰櫛縰笄緫說文曰冠織也康成曰令之幘梁也廣長足㠯韜髮而結之因爲縰屬之義又力馳切詩曰汎汎楊舟紼纚維之毛氏曰緌也舅氏曰

小索也

紳

紳升人切大帶也衣曰紳記曰紳長制士三尺有司二尺有五寸子游曰三分帶下紳居一馬語曰子張書諸紳蓋書於下衣也帶之有衣者因謂之紳語曰加朝服拕紳

繻

繻相俞切削帛為繻也說文曰繒采色春秋傳有

紟　纕

紀削繻申繻漢兵軍入關吏予繻問何爲曰爲复傳還當㠯合符蘇林曰帛邊也舊關出入皆用傳傳煩因削繻頭合㠯爲符信也又作緰愉令人削帛㠯飾髻謂之繻俗作須

紟其禁切士喪禮曰陳衣紟不在算喪大記曰紟五幅無紞集成曰單被也說文曰衣系也籀文作絵按衣系當作衿見衿下記曰絞紟衾冒死而後制

纕息竿切說文曰爰臂也離騷曰既替余㠯蕙纕

緣　綼　緆　納

類篇曰佩帶也

緣㠯絹切說文曰衣純也沿其緣之謂緣平聲又爲褖衣之緣詳見褖下

綼毗必切罣氏音畀又賓彌切緆他計切罣氏竿士跂切

喪禮曰明衣裳縓綼緆康成曰裳飾在幅曰綼在下曰緆說文曰緆細布也或作𪎭燕禮公尊冥用綌若錫康成曰今文或爲緆詳見錫下

納諾荅切密行縫紩也說文曰絲溼納納也今人㠯爲出內

繕　綻

之內故縫納別作納喪服傳菅屨外納康成曰收其餘也

繕旹戰切紉補也傳曰繕甲兵曰繕完葡曰脩賦繕完皆謂繕補也周官繕人掌王之用弓弩矢服矰弋決拾康成曰勁也善也又記曰急繕其怒康成讀作勁

綻堂練直莧二切衣縫解也記曰衣裳綻削說文作組補縫也又作䘺縫綻因謂之綻古詩曰故

纊　紵　絮

衣誰當補新衣誰當綻

纊苦謗切緜也或作絖

紵直呂切說文曰檾屬細爲絟粗爲紵别作綀周官典枲掌

枲緦縷紵之麻艸之物康成曰細曰緦粗曰紵按枲緦縷紵同爲麻艸已治之物名檾屬者苧也詳見艸部

絮息據切說文曰敝緜也絣澼始成而輕毳爲纊

緜忍爲緜褋碎爲絮緼著爲緼記曰客絮

緼

䜌主人辭不能言謂投五味而攪和之也康成曰調也陸氏勑慮切非

緼於粉切纊在袍裏爲緼故舊纊亦曰緼記曰纊爲繭緼爲袍語曰衣敝緼袍孔氏曰緼枲著康成曰纊新綿緼舊絮說文曰緼紼也紼亂絲也引之則凡緼著緼結緼畜皆曰緼易曰乾坤其易之緼邪通作蘊韞又於云切絪緼絲絮攖停緜

絪　絺　紙

密也易曰天地絪緼萬物匕醇又作壹壺又烏魂切史記曰束緼請火師古曰亂麻也於粉切按今俗語⿰口兮若温記曰一命緼韍幽衡康成曰赤黃色所謂韎也見韎下

絪伊眞切說具緼下

絺郎奚切惡絮也說文曰絺繫絺也一曰維也繫絺一曰惡絮也又作縘

紙諸氏切說文曰絮一苫也紙說文曰絲滓也孫氏都兮切按

紙紙一字蓋㠯絲滓敗絮合而爲之後漢蔡倫始㠯敗网褋樹膚爲紙㠯代簡牘今人㠯楮皮爲之或作帋

績

績則歷切緝麻也引之爲功績書曰乃言厎可績又曰三載考績别作勣令人㠯麻之已績者爲績側吏切

纑

纑郎乎切說文曰布縷也孟子曰身織屨妻辟纑

朱子曰綀麻也史記曰山函饒才竹穀纑司馬貞曰山中紵可㠯爲布

絺　綌　綀

絺抽脂切凡麻艸之物細者爲絺粗者爲綌又爲絺繡書云宗彝藻火粉米黼黻絺繡鄭氏曰刺也

綌乞戟切說具絺下別作帢

綀所菹切說文新附布也

緦　繐　絟

緦新茲切喪服傳曰緦者十五升抽其半有事其縷無事其布曰緦說文曰十五升布也一曰兩麻一絲布也□古文

繐息銳切喪服傳曰繐衰者何㠯小功之繐也繐衰三升半康成曰治其縷如小功而成布三升半凡布細而疏者謂之繐令南陽有鄧繐別作䌸繊

絟逡緣切說文曰細布也詳見荃下

紝　組　紃

紝如林尼心二切 說文曰機縷也 孫氏如甚切 記曰織紝組紃 類篇曰織也 或作緉絛 傳曰執鍼織紝皆百人按織組紘之屬曰紝

組揔古切紃詳遵切合縷㠯爲紘綖纓緌之屬也圜曰組扁曰紃 說文曰紃圜采 也康成曰絛也 記曰織紝組紃又曰純㠯縏紃㠯五采 康成 曰拖 諸縫中若今絛按圜采不可 㠯紃縫圜者組也紃又作約

紘乎萌切周官王之五冕玉笄朱紘說文曰冠卷也或作紭康成曰㠯組爲之一條屬兩端於武爲飾傳曰衡紞紘綖杜氏曰纓从下而上者也又爲网綱班固賦曰觀天网之紘覆廓帝紘恢皇綱司馬相如賦曰覽八紘而觀三海

紞都感切傳曰衡紞紘綖說文曰冕冠塞耳者徐鉉曰今俗作髧非杜氏曰冕之垂者禮曰緇衾無紞記曰紟五幅無紞康成曰被識也所㠯別首後又曰㠯組類爲之綴之領側若今被識

纓　緌　綏

纓於盈切說文曰冠系也飾馬者亦用之鄭司農曰謂當匈康成曰今馬鞅

緌儒隹切纓下垂也記曰冠緌纓康成曰纓飾也又曰范則冠而蟬有緌康成曰范蜩也蜩喙在腹下通作蕤記曰大帛冠緇布冠不蕤委武玄縞而後蕤

綏隨酉切組之長者所用維繫也說文曰韍帷也

縧縞

記曰天子佩白玉而玄組綬康成曰所㠯毋佩玉者也

周官幕人掌帷幕幄帟綬鄭司農曰綬所㠯繫帷幕幄帟也

漢書曰方寸之印丈二之組師古曰組者印之綬

縧土刀切組紃之通名也

縞力知切詩云親結其縞爾雅曰婦人之褘謂之縞縞緌也毛氏曰婦人之褘也母戒女施衿結帨孫炎曰褘帨巾也爾雅疏曰孫炎說非鄭氏曰令之香纓也褘邪交落帶繫於體因名爲褘說文曰縞㠯絲介履也又作褵

纂

纂作管切說文曰佀組而赤絲語曰縷纂已爲弄

韋昭曰已縷織纂不用絲也纂織文也漢書曰錦繡纂組害

女紅者也應劭曰今五采屬綷是也師古曰綷會也子内切按纂

與續亦互用記曰纂乃祖服大槩纂有聚

義續則繼也又作纘

繶

繶於力切屨亾要飾也周官屨人爲舄赤

繶黄繶青句士喪禮夏葛屨冬白屨皆繶

絇

繶絇純士冠禮玄端黑屨青絇繶純鄭司農曰赤繶黄繶以赤黄絲爲下緣也禮家亦謂以采絲礫其下爲繶也康成曰縫中紃也士虞禮曰賓長洗繶𣪊康成曰口足之閒有篆文也又作韥

絇勸拘荽踰二切今鞋帶之屬古之屨舄其嵤皆開句之以絇士喪禮曰綦結于跟連絇康成曰絇謂之拘著舄屨之頭以爲行戒又曰狀如刀衣鼻在屨頭說文曰繶繩絇也讀若鴝古亦單作句周禮曰黄繶青句

緄 縢

緄古渾古本二切詩云竹閉緄縢毛氏曰繩也說文曰織帶也

縢徒登切說文曰緘也書云内冊于金縢之匱孔氏曰緘也士喪禮曰兩籩無縢康成曰緣也詩云竹閉緄縢又曰朱英綠縢毛氏曰約也記曰國家靡敝則甲不組縢康成曰吕組飾之及紟帶也按縢一字而諸家隨事異說

緌　結

緌蒼林子心二切詩云貝冑朱綅毛氏曰以朱綅綴冑也說文曰綘綫也

紻息削切所以繫犬馬者也說文系也士喪禮乘車革紻康成曰繮也又作紲傳曰臣負羈紲杜氏曰馬繮也又作緤記曰犬則執緤康成曰所以繫制之者楚辭曰登閬風而緤馬引之則凡羈縶者皆曰紲語曰在縲紲之中考工記弓人

居匋極匋而逄引如乒結非弓之利別作𩋫

繮　纞　縶　纍

繮居良切說文曰馬紲也又作韁

纞必媚切馭馬纞也按今所謂靶郎纞也纞靶同聲

縶陟立切縶馬纞也又作馽說文馬絆馬也从馬口其足引傳馽馬馬脊或作縶詩云皎皎白駒縶之維之毛氏曰絆也傳曰韓厥馽縶馬脊杜氏曰縶馬絆也

纍力追切索類所用吕纏縛也語曰在纍

絏之中傳曰不吕纍臣釁鼓詩曰葛藟纍之又作纍說文纍綴得理也一曰大索也絫增也从厽从糸絫十黍之重也別作縲纝篡累牛縢馬別作摞㶡木實緐多纍纍然別作欙虆𦾌非又僭義爲疲纍之纍家語曰纍纍若喪家之狗別作儽儽說文曰儽垂皃一曰嬾解別作傫亦作畾省聲累及之曰累上聲公羊傳曰及者何累也因之爲曾累之義所累爲累去聲又魯果切

糾　絼　繩

記曰爲大夫削瓜者累之康成曰倮也讀若倮

糾居黝切丩合絲縷緊急也故爲糾合糾繆糾戾

絼直八切周官飾其牛牲置其絼鄭司農曰著牛鼻繩所㠯牽牛者今皆謂之雉康成曰㠯豸爲聲陸氏曰本亦作紖持忍切

繩食陵切纆合絲枲㠯爲繩也小曰繩大曰索引之聯屬不絕之義曰繩繩又詩云

繩其祖武循也

徽

徽許歸切繩類也說文曰衺幅也一曰三糾繩也按徽从糸三𠄎說是易曰係用徽纆墨氏曰三股曰徽兩股曰纆又爲徽幟傳曰揚徽者公徒也人任徽說文曰幟也僭義爲徽美書曰愼徽五典又曰徽柔懿共又曰受人之徽言詩云君子有徽猷又曰大姒嗣徽音鄭氏孔氏皆曰美也

纆　絰　綍

纆莫北切索類說具徽下貫誼曰禍也與福何異紡纆別作纆

絰迖結切喪服也在首爲首絰吕象頍在要爲要絰吕象大帶吕麻葛爲之

綍分物切大索也記曰君葬用三綍凡封用綍康成曰在廟中曰綍在塗曰引收窆又曰綍亦作紼說文曰亂絲也周官大喪屬六紼康成曰叕棺索也記曰助葬

絙　綆　繘

必執紼詩云汎汎楊舟紼纚維之毛氏曰繂也

絙胡官切大索也說文曰緩也

綆古杏切索類也又作䌀漢書曰單極之統斷幹晉灼曰統古綆字

繘余聿切綆下𠂹爲繘謂其可㠯矞取也

易曰汔至亦未繘井士喪禮曰管人汲不說繘說文繘古文繘籒文

繈　繳　纜

繈疑兩切織縷爲之以負小兒於背者也亦作襁語曰三方之民襁負其子而至矣說文襁負兒衣按負兒者不以衣从糸爲是錢以繦毌亦謂之繈別作鏹

繳居繞切繳繞也又之若切說文曰生絲縷也孟子曰思爰弓繳而射之生絲繫箭以射飛鳥也

纜盧瞰切牽索之以攬結者也今俗謂維

綯　綱　紀

引舟索爲纜

綯辻刀切繩類詩云晝爾于茅宵爾索綯綯所㠯編茅也

綱居郎切𩔻网長繩也書云若网在綱說文曰維紘繩也弢兵亦有綱

紀苟擬切网目所麗也又疑爲綜說文曰絲別也詩云綱紀三方鄭氏曰張之爲綱理之爲紀凡爲网者必先

有紀衆目紀焉然後謏綱㠯貟又曰滔滔
江漢南國之紀言南國之川皆屬於江漢
也書曰劦用五紀言歲月日暑所㠯紀天
行也又曰俶擾天紀又曰肇修人紀傳曰
改紀其政皆此義也漢志曰宮中央暢三
方爲三聲綱角商徵羽三聲爲宮紀綱通
㬎而紀分隸綱紀之義於是可見綱要而

緽　繯

紀詳綱㠯張紀紀㠯張目謂綱大紀小者非也記載之書㠯季月繫事者謂之紀

緽亏貧切說文曰持綱紐也考工記曰梓人爲㑅上綱與下綱出舌尋緽寸焉鄭司農曰籠綱者也讀爲竹中皮之緽

繯胡畎切說文曰落也今人作絡謂㠯繩爲環謖機伺獸投足其中而取之莊周所謂蹄

絠　緱

所㠯在兔也呂氏春秋曰繯网罝罦又厺
聲別作繯
絠古亥切說文曰彈彄也孫氏弋宰切
緱區侯切刀劒柄當把処㠯索纏之爲其
血染瀆而滑也說文曰刀劒緱也史記曰馮驩有
一劒耳又蒯緱裴駰曰言其劒把無物可裝㠯蒯纏之也令人
言緱捅亦作⿰糹區

紐 綦 綸 緍

紐女久切說文曰系也一曰結而可解繩之㠯丑者也

綦居頤切說文曰攘臂繩也綦取其可卷

綸龍昏切糾合絲縷爲綸詩云之子于釣言綸之繩記曰王言如絲其出如綸王言如綸其出如綍引之爲彌綸經綸易曰彌綸天地之道說文曰青絲綬也

緍眉貧切合絲爲緍詩云言緍之絲又曰

辮 纏 繚

維絲伊緡說文釣負繳也又作罠說文曰釣也錢之毌者爲緡錢漢令商賈各㠯其物自占率緡錢二千而算一或三千而算一謂之占緡别作鍲

辮頻犬切糸久交辮也

纏直連切束繞密帀也又去聲

繚憐蕭切又上去二聲縈之長也繚牆牆之周口者也别作𡐦說文曰周垣也

繞

繞而沼切周繞也與遶通

絙

絙呼麥切衡繞纆固也楚辭曰忽緯絙其難與類篇曰微也一曰結礙也

綢

綢陳畱切綢繆縈繞重复也因之爲綢密詩云綢直如髮又記曰綢練謾旒康成曰吕練綢旌之杠陸氏吐刀切韜也徐氏从本音

繆

繆迷浮切綢繆說具綢下說文曰枲十絜也又厷

斅經緯鎦戾也引之則事物言行之舛戾亦曰繆別作謬又莫六切宋穆公魯穆公秦穆公亦作繆

縈

縈於營切旋繞也說文曰收韏切九萬也別作縈說文曰艸旋皃引詩葛藟縈之

紆

紆邕俱切曲繞也說文曰詘也一曰縈也縈紆同聲考工記曰連行紆行謂蛇蚓類

繾　綣　綰　締　繫　結

繾去演切綣去阮切繾綣縈繫不相舍也

綰烏版切絲縷相穿毌也

締特計切說文曰結不解也

繫吉詣切絜束之也謂繫繫結聲相近其義也輕重如其聲又胡計切繫屬也與系通

結古屑切合兩而繫之爲結又古詣切古

通㠯此爲髻字

縷　約　維

縷筏钁切結束也

約於略切收束也說文曰纏束也引之爲結約要約又引之爲竆約又於妙切周官司約掌邦國及萬民之約劑

維夷佳切繩索匡繫也詩云汎汎楊舟紼纚維之又曰皎皎白駒縶之維之俗爲發

絜　縻　縋

語辭與惟通

絜戶結切引繩口度也大學曰君子有絜矩之道莊周見櫟社樹絜之百口史記曰度長絜大説文曰絜麻一端也孫氏古屑切亦作挈荀子曰不挈大師古曰口束之也

縻旻悲切縈絆也説文曰牛轡也或作䌕

縋持僞切縣索而緣之㠯升降也

絆　緧　縊　絞

絆㯻慢切縻半馬足也說文曰馬縶也又作靽見革部

緧七由切馬後勒也考工記曰必緧其牛後說文馬紂也紂除柳切馬緧也肘省聲鄭司農曰關東謂紂爲緧又作鞧䋺緮

縊壹計切縣絞也考工記曰不伏其轅必縊其牛傳曰子函縊而縣鹽又曰絞縊㠯戮

絞古巧切轉繩而急之曰絞說文曰人之縊也

急切者因謂之絞語曰直而無禮則絞別作

絞　又何交切合而索之也士喪禮小斂摋帶布三曰絞布又爲絞紟之絞士喪禮絞橫三縮一廣冬幅析其末喪大記曰絞一幅爲三不辟康成曰所以收束衣服爲堅急者也　又記曰麛求青豻褎絞衣以裼之康成曰蒼黃之色　又曰大夫不揄絞康成曰采青黃之間曰絞

絓　編　綳　絚

絓古賣胡卦二切罥絓也說文曰繭滓絓頭也一曰㠯囊絮練也傳曰罣絓而止與掛通亦作挂又作罣絓

編畀民切㠯繩次弟編連之也說文曰次簡也字林曰㠯繩次物曰編

綳悲肯切束之急也或作繃繃說文繃束也引墨子禹葬會稽桐棺三寸葛㠯繃之又作絣說文曰氐人殊縷布也太玄曰絣之㠯象類

絚居曾切索之弦急也別作絚

緘　䋫

緘姑咸切說文曰束匧也又作緘說文曰持意口閉也

䋫側莖切縈收繩索也徐本說文曰紆未縈繩一曰急絃聲蜀本曰紆木縈索也二本俱有誤又作綪士喪禮陳襲事南上不綪歛衣函上綪康成曰綪讀為䋫䋫屈也江淮之間謂縈收繩索為䋫古文綪皆為精記曰居則設佩朝則結佩坐則綪結佩康成曰屈也結而又屈之說文曰赤繒已茜染故謂之綪孫氏倉絢切按今人已茜染絳謂之茜紅

纓　胤　繖　繄

纓伊虯切士喪禮括笄長三寸纓中康成曰纓笄之中央已安髮

胤弋刃切嗣續也从糸省肉聲說文曰子孫相承續从肉从八幺八象其長幺象其重累也𦙍古文按胤从糸肉聲又作肕

繖顙旱切令人已名蓋又作傘⿰巾散

繄烏兮切說文曰戟衣也一曰赤黑色按繄之借義爲發語辭

紋　繁　繡　縈　紣

紋七三切說文曰續所緝也孫愐曰續所未緝者集韻同周官塞人掌斂市紋布緫布質布罰布廛布鄭司農曰紋布削隷之税布也

繁蒲官切說具𦣝下

繡盧臥切絲一挎謂之繡俗書

縈如壘切說文曰𦃃也傳曰佩玉縈兮

紣亘鳩切說文曰急也詩云不競不紣毛氏曰急也朱

子曰綏也

絲之疑

綿

綿緜武延切纊也纊之爲物輕微而柔忍難絕故因之爲眇緜緜蔑緜延之義說文曰聯微也从系从帛孫愐曰精曰綿粗曰絮按如許氏說則當从系纊乃本義當从絲省从帛不可曉詩云緜緜瓜瓞綿綿不絕皃

繁

緐附袁切絲采繁縟也或作緐馬之飾有

鞶纓亦僭用樊字周禮曰王之玉路錫樊纓金路鉤樊纓象路朱樊纓康成曰樊讀如鞶謂今馬大帶也傳曰請曲縣鞶纓㠯朝又曰其可㠯稱旌鞶乎說文緐馬髦飾也每聲或作䋣按鞶通用樊字明當讀如樊音鞶鄭氏曲說也每緐皆非其聲

㬎

㬎說文曰从日从眾微杪蜀本作眇也从日中視絲古㠯爲顯字或曰眾口皃讀若唫唫或㠯爲繭繭者絮中往往有小繭也孫氏五合切疑此即䌰㬎聲

六書故弟三十

孫奎謹校

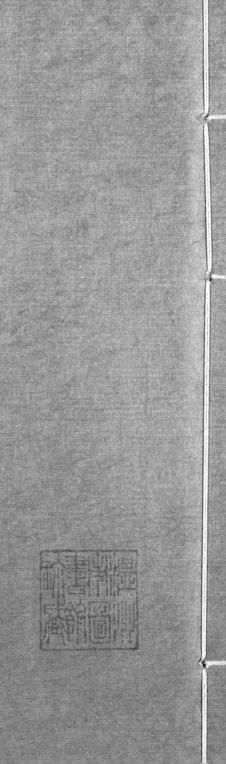

六書故弟三十一

永嘉戴　侗

工事七

弁　衣

弁皮變切，首服也。冠尚弁，弁尚冕。象形。冂象其武與纓緌，非奴也。亦作弁覍。說文曰：从皃，象形。弁籒文。別作玣玕。又步官切。詩云：弁彼鷽斯。毛氏曰：樂也。

衣於希切，上服也。象衣之領袷袂。

衣之象形

裔

𧘇余制切衣餘也象衣下𧘇又作𧘇說文曰衣裾也冏聲𧘇古文引之爲後裔之裔叡土之三塗亦曰裔傳曰投諸三裔㠯禦魑魅餘肆裔亂聲義相通

𧘇

𧘇職戒切衣之成也又作繺說文曰繺緣緣也𧘇古文引之爲始𧘇之義

衰

𧘥穌禾切緝艸爲雨衣也𢃀古文說文曰秦謂之萆借義三盛衰之衰雙隹切減殺也別作㾓等衰之衰楚危切物有差級也衰麻之衰倉回切喪服之衣通謂之衰衣之上又表㠯布爲衰喪服曰衰長六寸博三寸或曰五服輕重有衰故謂之衰別作縗非衰㠯麻不㠯絲衣之會意

初　卒

初楚居切从衣从刀刀始裁之初之義也

卒臧沒切从衣而丿其末卒之義也說文曰隸人給事者衣爲卒卒有題識者李陽冰曰所謂短後衣衣而丿者斷也引其義則人之終謂之卒小人曰死君子曰終曰卒謂盡其道而終也別作𣨛說文曰僭大夫死曰𣨛非義三爲卒辻之卒古者士乘車而卒辻行因之爲卒伍周官二十五人爲兩三兩爲

卒又七内切爲游倅之卒亦作倅周禮曰國子存游倅倅貳也又倉没切爲倉卒之卒亦作猝說文曰猝犬从艸中暴出逐人也又作踤說文曰踤觸也一曰駭也一曰倉踤又在律切與崒通詩云漸漸之石維其卒矣

表

表彼矯切衣之外爲表凡爲衣者毛在外从衣从毛表之義也說文曰褾古文[illegible]襮太木呂

衮　裁　褭

示謂之表僭用此字

褭奴鳥切說文曰㠯組帶馬也又作[illegible]鳥

聲漢䡾簪褭師古曰㠯組帶馬曰褭

衣之𪗋聲

裁牆裁切爲衣始制其形體也

衮古本切冕服也說文曰天子言先王卷龍繡於下幅一龍蟠阿上鄉

周官言先王則衮冕公之服自衮冕而

褘

下如王之服康成曰龍衣也詩云玄衮及黼葢玄衣而畫龍也王之衮𠚍龍降龍公之衮無𠚍龍通作卷記曰天子龍卷別作襂

褘許歸切周官王后之六服一曰褘衣記曰夫人副褘鄭司農曰畫衣也康成曰畫翬者刻繒爲翬形而采畫之綴於衣因㠯爲名六服皆袍制褘衣葢玄祭服也通亦作翬爾雅曰婦人之褘謂之縭詳具縭下

褖

褖吐亂切記曰君命屈狄再命褘衣一命襢衣士褖衣士喪禮爵弁服褖衣康成曰黑衣裳亦緣謂之褖褖之言緣也所吕表袍者也亦通作緣周官后之六服六曰緣衣康成曰緣衣實褖衣也褖衣御亏王之服亦吕燕居男子之褖衣黑則是亦黑也又僭用稅字記曰夫人稅衣揄狄又曰子羔之襲也繭衣裳與稅衣纁袡爲一康成曰禮言褖者甚衆字或作稅稅衣若玄端而連衣裳

者也𦆒衣裳表吕稅衣爲一稱

襃　　袗

襃知扇切周官六服五曰襃衣今作展詩云瑳兮瑳兮其之展也毛氏曰吕丹縠爲之說文同又作襢記曰一命襢衣鄭司農曰展與襢聲相近

袗止忍切又平聲士冠禮曰兄弟畢袗玄康成曰古文爲均衣裳皆玄也監本蜀本及徐鍇皆作袨說文曰玄服也別作裖漢郊祀服皆袀玄蔡邕曰袀紺繒也吳都賦曰袀皁服也漢儀注大夫郎諸屬官安令

丞皆皁衣京兆尹張敞自稱備皁衣二十餘季說者謂秦㠯水悳尚冪漢因之肰觀趙左師觸龍欲㠯子補皁衣之缺㠯衛王宮則衣冪非由秦始矣侗謂皁近於玄乃玄之變也古人上衣皆玄㠯象天禮言袗玄漢言袀玄袗與袀相近必有一誤語曰當暑袗絺綌康成曰單也孟子曰舜爲天子被袗衣

衻

衻如占切昏禮女純衣纁衻康成曰緣也衻之言任也㠯纁緣其衣也記曰子羔之襲也繭衣裳與稅衣

褕　袿

褮袡爲一曾子曰不襲婦服康成曰大夫而㠯褮爲之緣非也惟婦服褮袡記又曰婦人憂不㠯袡康成曰袡嫁旹上服陸氏曰又作絣裳下襈士戀切也王肅曰婦人蔽厀也方言曰江淮南楚之閒謂之禕或謂之紱魏宋南楚之閒謂之大巾自關㠯東謂之蔽厀齊魯之郊謂之袡

褕羊朱切說文曰翟羽飾衣一曰直裾謂之襜褕漢書一男子衣黃襜褕顏師古曰直裾襌衣也

袿古攜切釋名曰女上服曰袿其下垂上廣下陿如刀圭廣雅曰長襦也

襦　袍

襦人朱切說文曰短衣也一曰䨲衣也𢏚禮公袒朱襦𢏚大夫與士𢏚袒䙝襦記曰衣不帛襦袴按自褘至袿七字於古爲衣名今葢不知其物

袍薄褒切記曰纊爲襺緼爲袍康成曰緼謂纊及舊絮又曰袍必有表不禪康成曰袍褻衣必有以表之按今謂戚衫曲領者爲袍

襖　衫　裋　裳　襴　袴

鄔浩切今㠯夾衣爲襖

所銜切今㠯單衣爲衫

常句切漢書曰裋褐不完說文曰豎使布長襦也師古曰童僕所衣布長襦也方言曰襜褕自關㠯西其短者謂之裋褕

市羊切衣下曰裳又見常下

郎干切裳也用横幅者今謂之襴又作幱

苦故切著兩跨之服也記曰衣不帛襦

袴說文作絝脛衣也

褌　襠

褌公渾切袴有當曰褌司馬相如著犢鼻褌褌之短者也或作幝說文曰幝幒也或作褌幒職容切幝也或作㡝顏師古曰褌今之衳也衳衳之容切

襠都郎切窮袴也今㠯袴有當而旁開者爲襠本單作當漢書曰爲窮袴多其帶服虔曰有前後當不叓交通也釋名曰裲襠一當匈一當背古詩曰單衫繡裲襠

褐　裏　襮

褐胡葛切說文曰編枲韤也或曰短衣按孟子曰許子衣褐婁敬曰臣衣帛衣帛見衣褐衣褐見顏師古曰織毛布是也葢㠯縷撚毛而織也

裏良市切衣内也

襮逋玉切又補告切衣外飾也襮表殼相近詩云素衣朱襮毛氏曰領也諸侯繡黼丹朱中衣爾雅曰黼領

裻　袷

謂之襮說文曰黼領也舅氏曰古者繡袘
於裳而不袘於衣毛公引記禮朱衣之言
㠯證其爲君服尒爾雅遂㠯襮襮爲繡領說
文又祖爾雅誤矣按呂氏春秋狄入衛貪
懿公之肉舍肝弘演啼曰臣請
爲襮因自殺而內肝襮葢在外

裻冬毒切背縫也晉語曰衣之偏裻古通
作督詳見督下說文裻新衣聲一曰背縫又作䘵說文曰衣躳縫也

袷古狎切領也記曰曲袷如巨又曰眂不
上於袷或㠯爲單夾之夾

襘　袼　褏

襘古外切傳曰衣有襘帶有結眂不過結襘之中杜氏曰領會也

袼剛鶴切衣當亦処也記曰袼之高下可㠯運肘說文胳亦下也蓋㠯胳爲袼今人猶謂亦下爲胳側

褏似又切袂也褏衣之被手者故从衣从夂由聲又作袖通作褎詩云羔裘豹褎又作褎

袂　袪　襟　裾衿

袂彌敝切褏也

袪丘於切袖口也記曰袂屬幅袪尺二寸康成褏緣傳曰披斬其袪袂口也

襟居音切衣䘳裾也又作裣

裾九魚切䘳曰襟後曰裾

衿其禁切內則婦及男女未冠笄者皆衿纓康成曰結也士昏禮母施衿結帨庶母曰眂

諸衿鞶鄭氏無釋傳曰皆衿甲面縛杜氏曰不解甲也按爾雅衿謂之袸蹲切見釋者曰衣小帶也一說衣系也說文紟衣系也二字疑當歸一衿甲謂縛甲帶也詩云青青子衿攸攸我心毛氏曰領也陸氏曰音金本亦作襟徐氏音琴孫炎郭璞皆曰交領也按詩㠯韻合之衿之爲今聲是也未見其爲領衿襟紟多鍇亂令㠯經傳分之

衽

衽如甚切說文曰衣䘳也記曰深衣衽當旁康成曰衽謂裳幅所交削也凡衽或殺而下或殺而上是㠯小要取名焉衽[illegible]而放之

屬裳則縫之呂合旁後上下相變喪服傳帶下尺衽二尺有五寸康成曰衽所呂掩裳際也二尺五寸與有司紳齊也上正一尺燕尾二尺五寸凡用布三尺問喪曰親始死扱上衽交手哭康成曰上衽深衣之裳前傳曰抽戈結衽又曰襄衽如故襄語曰微管仲吾其被髮左衽矣中庸曰衽金革按衽之物不可詳肰呂上衽左衽襄衽之稱考之皆屬於衣鄭氏呂爲或屬於裳者未必肰說文呂爲襝蓋近之又爲衽

席士昏禮曰御衽于奥媵衽良席皆有枕記曰父母奴坐弄席請何鄉奴衽長者弄席請何止少者執牀與坐御者舉几康成曰衽臥席也良席者良人之席按此衽乃各寢席之名故曰奴衽請席何止又曰媵衽良席衽非席也又爲棺衽記曰棺君蓋用桼三衽三束康成曰小要也

袂

袂風無切衣嵴袍幅也今俗通謂之袂說文

曰襲袂也一曰𧚔襟

褑

褑睽桂切衣裾分也今上馬衣分裾謂之四褑衫

袧

袧喪服曰裳幅三袧康成曰謂辟兩側空中央也鄭氏古侯切又恪憂切按袧屈也脯脩之中屈爲朐裳辟爲袧屨帶爲約其聲義皆當相近俗謂之襉

襞

襞必益切裳摺襞積也揚雄曰襞而幽之

襋　襱　襜

離房古單佮辟說文曰韏衣也徐鉉曰韏革中辨也

𧜯己力切詩云摻摻女手可㠯縫裳要之襋之毛氏曰領也說文同按要與襋皆裳事非領也疑爲辟積

襱盧孔切又平聲說文曰袴踦也或佮襩徐鍇曰踦袴足也

襜蚩占都藍二切詩云兂翰采藍不盈一襜爾雅曰衣蔽前謂之襜語曰揖所與立𠂇又手衣

袢　袘　衾　被

歬後襜如也又襜褕見褕下

[袢]普患切衣系也又作繁又米患切衣系之長者也

[袘]士昬禮曰爵弁纁裳緇袘康成曰袘謂袘緣袘之言拖㠯緇緣裳也又作袘陸氏㠯豉切又音移

[衾]袪音切寢所覆也

[被]平義切衾也引之則凡衣被者皆曰被又因爲首飾之名詩云被之童童編髮㠯

裯　襌

被𩠐也傳曰楚靈王皮冠翠被佀又爲衣名又音披楚辭曰靈衣兮被被

裯陳畱切詩云抱衾與裯毛氏曰單被也鄭氏曰牀帳也按詩云肅肅宵征抱衾與裯恐難抱帳楚辭曰被荷裯之晏晏王逸曰袛裯也方言曰汗襦自關已函謂之袛裯說文曰袛裯短衣也袛都兮切裯都牢切又曰衣袂袛裯又曰裯謂之襤褸襤無緣衣也孫氏魯曰切

襌都寒切單衣之合稱亦會意記曰襌爲

褶　複

絅康成曰衣裳無裏也

褶特獵迖合二切疊帛爲衣如今納衣也記曰帛爲褶康成曰有表裏而無著也士喪禮曰襚者㠯褶則必有裳又作褺

複房六切夾衣衣有裏也記曰小斂君大夫士複衣複衾大斂君褶衣褶衾複褶之辨葢如此

袨　袀　褻　衵

袨熒絢切說文曰盛服也

袀漢書王莽紺袀服師古曰純也音均又弋旬切傳曰均服振振陸氏曰字書作袀一說戎衣也偏裻謂之袀又見袗下

褻私列切說文曰私服也徐鉉曰从熱省乃㬅聲唐本說文从执曰从埶非語曰褻裘長短又袂因之爲褻瀆褻狎別作媟

衵人質切親身衣也

褒博毛切衣寬博也又作褒褒从褎省

袤莫候切衣寬長也引之爲凡廣袤說文曰衣帶已上一曰南北曰袤東西曰廣籀文

袳尺氏切衣廣袂也與侈通春秋公會宋公衞侯陳侯于袳說文曰袳衣張也引春秋公會齊侯于袳

裕羊孺切衣寬餘也

襛如容切詩云何彼襛矣毛氏曰襛猶戎戎也說文曰衣

厚皃

裵　褊　襍　衺

𧞤蒲回切說文曰長衣皃徐鉉曰裵回俗作徘徊非按裵回雙聲猶義猶言回旋盤桓也

褊俾緬切衣陿窄也凡陿中者皆曰褊詩云維是褊心別作惼

襍昨合切衣色不純也

衺徐嗟切衣不正也徐本說文𧞒孫氏兩非切也蜀本紙也

裨

𧜨賓彌婢爻二切衣之次也說文曰接益也覲禮侯氏裨冕墨車以朝康成曰裨之言埤也天子六服大裘爲上餘爲裨諸侯亦服焉按裨之義引之爲裨益爲裨附爲牧帥之偏裨裨冕冕服之次也諸侯玄衮爲上服朝於天子則降而服其次公當衮則服鷩冕猶當乘路而墨車以朝也鄭氏謂大裘而下爲裨未然

補

補博古切完敝也

衷

衷陟隆切中衣也𠫔氏傳宋之盟楚人衷甲上服裏服之中曰衷衷之曰衷去聲傳曰衷戒師

襲

襲似入切龖龖省聲内衣外衣爲襲襲與沓𣪊相通故單複稱謂之一襲引之爲襲藏爲掩襲爲仍襲潛師以掩敵者因謂之襲

裼

先的切袒衣見裘爲裼記曰裘之裼也見美也服之襲也充美也犬羊之裘不裼不文飾也是故尸襲執玉龜襲無事則裼弗敢充也弔則襲不盡飾也裼言裘見其裘也襲言服襲上服也記曰君衣狐白裘錦衣㠯裼之龍袞衣所㠯爲裼也袒衣爲裼肉袒爲袒故袒裼㒳言詩云袒裼暴虎孟

褻

子曰袒裼裸裎康成曰君衣狐白亦㠯素錦爲衣覆之使可裼也此說是也又曰袒而有衣曰裼必覆之㠯衣者亦褻也誤矣說者因謂亦之上有裼衣裼之上有襲衣誤矣衣之裼襲猶戶之開闔也豈有二物哉又詩云乃生女子載衣之裼毛氏曰褓也康成曰褓夜衣也韓詩作禘他計切說文禘音同緥也引詩載衣之禘按緥杀乃小兒男女衣之通名男衣㠯裳女衣㠯裼非褓也方書言衣小兒當㠯父母舊衣詩所言裼雖不知其爲何物葢舊衣也

褱乎乖切藏挾於衣中也又作㥞說文褱俠也一

襄

小日七五

曰橐也徐鉉曰眔非聲褱袖也一曰　引之藏也按藏俠實一義褱裹非二字爲裹抱之義孔子曰子生三季然後免於父母之褱書曰湯湯洪水方割蕩蕩褱山襄陵心之所思念藏貯因曰褱別作懷

襄息良切褱裹也書云褱山襄陵襄陵猶褱山也詩云牆有茨不可襄也謂蒺黎不可褱挾也傳曰葬定公雨不克襄事葬之

既窆猶襄之也詩云兩服上襄謂兩丿人居中兩驂襄之也兩服稍背故曰上襄也又云跂彼織女終日七襄唯此說不可曉鄭氏㠯襄爲駕不通說文曰漢令解衣耕謂之襄[illegible]古文

裹

裹古火切㠯衣包物也

裒

裒薄侯切裒集也曰聲或曰从人奴兩手裒之詩云原隰裒矣又曰裒[illegible][illegible]又與抔

裝　袒　襢

通易曰裒多益寡鄭荀董取也字書作括廣雅云括減

按裒即捊謂抔

其多㠯益寡

裝側羊切飭衣具也俗因用爲裝飾之義別作糚

袒蕩旱切偏脫上衣見肉也說文袒衣縫解也膻肉膻也但裼也

襢記曰一命襢衣康成曰即展衣也又曰謏

牀襢笫康成曰襢笫袒簀也夵笫盝水僾又曰爲廬大夫

士襢之陸氏曰露也

衩　褰　裎　臝　褫

衩楚駕切免上服也俗書

褰袪虔切挽衣也詩云褰裳涉洧記曰暑無褰裳别作攐說文曰摳衣也又爲褰襦傳曰徵褰與襦說文曰絝也

裎馳貞切脫露也

臝魯果切剝衣示體也亦作裸臝

褫敕止切扯剝也易曰或錫之鞶帶𠔔翰

伯

褻　袺　襭

三襦之又直禽切令人呂周緣爲襦

褻於罽切傳曰寘之新匽褻呂玄袞說文曰衽也杜氏曰薦也

袺吉屑切詩云采采芣莒薄言袺之爾雅曰持衣執衽也孫氏根察切

襭戶結切詩云采采芣莒薄言襭之爾雅曰扱衽曰襭說文曰呂衣衽扱物之謂襭或作擷从手

袠

𧝓直一切記曰施鞶袠又作帙說文曰書衣也莊周曰隋墮其天袠

襓

襓記曰劒則加夫襓康成曰劒衣也陸氏如遙切

袽

袽人余女居二切易曰繻有衣袽又作絮說文曰敝衣也孫氏女加切又作絮說文曰絜緼一曰敝絮引易需有衣絮子夏易作茹京房易作絮陸氏曰絲袽也王肅音如

袢

袢詩云蒙彼縐絺是紲袢也毛氏曰當暑袢延之服也

伯

裛 袁 襚 禫

說文曰無色也陸氏筏袁切

裛乙業切說文曰書囊也

袁羽元切說文曰長衣皃叀省聲按袁口聲

襚徐醉切贈死者己衣衾曰襚又作裞漢書曰弄百

金裞

禫徒感切除服之名也說文禫从示除服祭也記曰

祥而縞是月禫徙月樂又曰中月而禫康成

曰中猶閒也禫祭名也與大祥閒一月自
喪至此凡二十七月禫之言澹澹然亏安
意也按諸家禮既祥則與主亏廟二十有
七月而禫禫則祭皆本諸鄭氏鄭氏曰禫
之祭也玄冠朝服既祭綅冠綦端黄裳允
月而除之按禮三秊而後葬者必再祭再
祭謂練祥也夫再而練禮也過再而猶不
廢使禫而果有祭則三秊而禫反可廢亏
鄭氏乃謂練祥而不禫何也禮始虞曰哀
薦祫事再虞曰虞事卒哭曰成事再而小
祥曰薦此常事又再而大祥曰薦此祥事
中月而禫獨無辭何也凡喪非虞祔練祥
無沐浴練祥之祭其他禮儀之變概見於
禮經而獨無一辭及於禫何也禫而飲酒

从御佗樂無所不佩皆叓其常矣而獨縵冠素端何也且縵冠素端與夫纖之爲罭經白緯皆於經無攷鄭氏之鑿說也侗謂禫非祭名也既祥則除矣孝子之心猶不倦也故素縞麻衣而後禫其變也馴矣而又何縵冠之有蓋三秊之喪既虞視無衰既練視大功既祥則麻衣輕於緦矣不言禫何嘗而除是禫即除之名也曰是月禫王肅之說是也

製

製征例切傳曰陳成子衣製丈戈杜氏曰雨衣也說文曰裁也今俗通㠯爲裁制之制非

襏襫褚

襏北末切襫柂隻切國語曰農衣襏襫韋昭曰衰薜也

褚中吕丑吕二切衣橐也說文曰卒也一曰制衣徐鍇曰又衣橐也記曰飾棺君纁錦褚鄭康成曰褚吕親棺加帷荒於上傳曰荀罃之在楚鄭賈人欲寘諸褚中吕出又曰取我衣冠而褚之莊周曰褚小不可吕裹大漢書曰上褚五十衣師古曰吕綿裝衣曰

大

褚按顔氏之說非褚㠯貯衣衣之精粗異褚上褚上物也

襡

𧜽徒谷切記曰斂簟而襡之又曰襡器而藏之康成曰韜也

叕

叕陟劣陟衛二切聯綴也象形亦作綴詳見綴下說文叕綴聯也綴合箸也

巾

巾居銀切冪帨也象巾未用㫃之於丨周官冪人掌共巾冪祭祀㠯疏布巾冪六尊㠯畫

冂　冃

布巾冥六彝凡王巾皆黼

巾之象形

冂莫狄切覆也象形亦作冪又作冪冪幎說文冂覆也从一下垂徐鉉曰今俗作冪同李陽冰曰象巾之垂覆皃士喪禮幎目用緇方尺二寸說文曰幔也引周禮幎人令周禮作冪說文蓋誤㠯幎爲幕

冂之象形

冃說文曰重覆也从冂一讀若苺孫氏莫杀切伯氏曰冃冃實一字冡从冃

冢　同

省同與肯未必从此

冂之龤聲

冢謨紅切覆也又作幪說文曰葢衣也孫氏莫紅切詩麻麥幪幪毛氏曰茂盛也陸氏莫孔切按葢覆一義幪止當作冢言麻麥茂密蔽芾也

冂之疑

同徒紅切說文曰合會也从冂从口書曰乃受同

冒王三宿三祭三咤太保受同降盥㠯異同秉璋㠯酢太保受同祭嚌徐鉉曰同爵名也所㠯从口史籒亦从口李陽冰曰从口非當从口又爲同異之同冋鄁敦文按同疑从口冂聲同口之合也又周官甞見曰會殷見曰同又兵國方百里曰同

肯說文曰幄帳之象从冂㞢其飾也孫氏苦江切伯氏曰声與豈皆从

出肯恐
不从冃

冃　冠

冃說文曰小兒蠻夷頭衣也从冂二其
飾也孫氏莫報切先人曰此卽冡字
也象重覆或龤己
聲因省其一画介

冃之會意

冠古完切从人戴冃加寸寸笄也與導同一說从元加冂加寸加冠曰冠夻聲說文弁冕之緫
名从元元亦聲

冒

冃莫報切覆之深至目也或曰目𣪊說文曰冡而前也𡇂古文引之則凡覆冒者皆曰冒書云丕冒海隅出日又曰我函土惟旹怙冒因之爲同冒之冒考工記曰天子執冒三寸㠯朝諸矦顧命作瑁孔安國曰瑁所㠯冒諸矦圭㠯齊瑞信方三寸說文曰玉㠯冒圭佀犂冠因之爲冒疾之冒謂忌人之能而冡蔽

之也書曰人之有技冒疾以惡之又作媢說文曰夫妒婦曰媢婦曰妒冡冒直冓者爲冒昧

又借爲毒冒之冒莫佩切介物佀龜而其介有文别作𪓐瑁蝐又借爲貪墨之冒莫北切匈奴冒頓讀音同又作冐

冃之龤聲

冕

冕亡辡切首服之上也周官王之五

冕皆玄冕朱裏延紐五采繅十有二就皆五采玉十有二玉笄朱紘諸侯之繅斿九就碈玉三采玉瑱王笄冃部

冔

斅文

冔況甫切士冠禮曰周弁殷冔夏收康成曰冔名出於幠幠覆也

胄

胄直又切首鎧也說文曰兜鍪也司馬浩作䩜从革

最　罔

引之則元子謂之胄子別作冑从肉說文曰胤也又作伷類篇曰胤也

㝡祖外切說文曰犯而取也取聲孫愐曰極也

网武紡切結繩爲目以捕取禽獸也又作罔古文𠔿籀文又作網罖借義三書云罔失法度罔游亏逸罔淫亏樂罔與無勿聲義相近亦作罔从人网亡聲或曰罔亦网也

益之㠯聲猶壘之加土齒之加止也貫貫眛無知因謂之网孔子曰學而不思則网又曰网之生也幸而免又曰難网㠯非其道記曰衣服在躬而不知其名謂之网木石之怪亦曰网兩謂其薄有景象也亦作方良周官方相氏冡熊皮黄金三目玄衣朱裳及墓入壙㠯戈擊

羅

三隅敺方良魯語曰木石之怪夔罔兩別作魍魎蛧蜽

网之會意

羅盧何切高网羅飛鳥者也㠯繩三維故从維說文曰㠯絲罟鳥也羅絡之義生焉令人㠯繒之經緯衺絡者爲羅羅之也謂羅去聲司馬相如曰焦明已翔

罟

亏寥廓而羅者猶視亏藪澤引之爲巡羅今作邏

网之龤聲

罟公戶切獸网也周官獸人掌罟田獸中庸曰驅而內諸罟擭臽穽之中因之爲罪罟謂離亏罪戾也詩云畏此罪罟

罪　詈

𦊾徂賄切說文曰捕魚竹网也秦吕爲辠字按罪本网罟之類因吕爲罪戾之罪謂離于刑法也亦作辠說文曰犯法也从辛从自言罪人慼鼻苦辛之憂秦吕辠佀皇改爲罪按說文慼鼻之說是鑿而不通詈罵皆从网疑从罪省辜辠辟皆从辛取其辛螫之義自乃觳也

罪之會意

𦋹力知切吕言罪人也从罪省

罵　罬　罦

罪之龤聲

罵莫駕切詈也

罬於倭紆劣二切鳥网也記曰雉亾爲鳩然後設罬羅康成曰小网也

罦芳袁切詩云雉離亐罦我生之初尚無造爾雅曰罬謂之罦罦毛氏曰覆車也郭璞曰今之翻車也又作䍖說文曰覆車也引詩雉離亐䍖或作罦孫氏芳縛切陸氏音孚按

罬　罿　罘　罝

詩罙與造合韻乃罙音說文作罦包罙一音孚音非也說文誤目罙為孚

罬陟劣切說文曰捕鳥覆車也或作輟

罿昌容切詩云雉離于罿毛氏曰罬也韓詩曰施羅於車上曰罿

罘芳無切网類說文曰兔罟也又作罦又縛牟切又作罟

罝子邪切网類詩云肅肅兔罝毛氏曰兔

罳

罟也。說文曰：兔网也。籀文作𦋺，或作䍡，从糸。

罳　息茲切。罘罳，网也。釋名曰：罦罳在門外。使雅曰：罦罳謂之屏。漢未央東闕罘罳災。顔師古曰：罘罳謂連闕曲閣也，以覆重刻垣墉之處，如罘罳然。一曰屏也。

罭

罭　于逼切。詩云：九罭之魚。爾雅曰：緵罟謂之九罭。毛氏曰：小魚网也。孫炎曰：魚所入有九囊也。郭氏曰：今之百囊罟，亦謂之䍉，劬回切。按如孫說，罭网下囊也。

罶

罛

罶力久切詩云魚麗于罶又曰三星在罶魯語曰講罛罶取名魚毛氏曰魚梁也寡婦之笱也說文曰寡婦笱魚所畱也別作𦌍孔氏曰以薄取魚易成故号寡婦笱非寡婦所作也按笱以竹爲之𦌍以网爲之罶非笱也詩言三星在罶則罶非甚大之具語稱取名魚則亦非小魚网矣

罛古乎切詩云北流活活施罛濊濊淮南子曰釣者靜之罛者扣舟蓋急流取魚之网也

罜　䍡　罧　罾　罶

罜旨更切䍡盧谷切說文曰罜䍡魚罟也魯語水蟲孕於是乎禁罝䍡韋昭曰罝當作罜小网也

罧離箴切网遮冂取魚者也說文曰積柴水中聚魚也孫氏所今切按許說孫音當作槮俗作綝

罾作騰切揆罟也爲桔槔沈网⿱镸又吕取魚

罶陟救切⿱雨夏网掩禽魚也引之爲凡

罕 罯 罨

覆罩。詩云：南有嘉魚，烝然罩罩。言魚之多罩水上也。毛氏曰：罩，篧也。鄭氏曰：篧，捕魚籠也。蓋誤。仞罩爲捕魚器，若然，則不應言罩罩。

罨 於檢烏敢二切，覆掩也。說文曰：罕也。

罯 烏合切，网覆㱃也。

罕 呼旱切。說文曰：网也。史記曰：畢曰罕車。小网長柄曰畢。又曰：百夫何罕梅㠯先驅。蔡邕

罥　罷

曰前驅有九斿雲罕僭爲罕少之罕又按春秋

宋公子喜鄭公子喜皆罕

罥古泫切絓网也又作羂繯又見繯下

罷部賣切疲困也與憊通又蒲縻切

與疲通因之爲休罷之罷部買切語

曰欲罷不能又因之爲罷敝漢書曰

諸侯罷兵戲下部罵切說文曰罷遣有罪也从能

署

言有賢能而入网郎貴遷周官有議能之辟是也按說文之說是鑿而不通能有耐音 又與罷通蘉買切別作矲乃取其聲

署常恕切說文曰部署有所网屬魯語曰文公欲弛孟文子之宅對曰署位之表也有司來命易臣之署不敢閒命署从网葢网之在綱各有部屬因㠯爲位署也

置　　罙

置陟吏切說文曰赦也按置之用於經傳者一曰廢置建也周禮曰置㠯馭其行廢㠯馭其罪傳曰建置豐氏孟子曰置君而後去之二曰鐂置舍也與寘通易曰寘于叢棘詩云寘彼周行傳曰饙盤飧置璧焉又曰置虛命徹

罙說文曰周行也引詩罙入其阻孫氏武移切冞說文曰罙或从

罽　䍜

卣徐鍇曰㱿从此說具穴部罙下

罽居㓹切又作⿰糸罽說文罽魚网也⿰糸罽西胡毳布也孫愐曰氊類

織毛爲之漢西域罽賓國其民巧織罽

网之疑

䍜居宜切說文曰馬絡頭也說文曰从馬馬馬絆也按馬乃絆其足絡頭不當从馬亦未可曉亦作羈加

革又羈音同於書傳爲羈旅說文無羈字豈

从羈而奇聲邪印从奇而羈聲也二字皆可疑

襾

覆

襾說文曰覆也从冂上下覆之孫氏呼訝切

襾之諧聲

覆敷救切蓋也說文曰覂也一曰蓋也中庸曰如天之無不覆又甫六切反也易曰鼎折足覆公餗引之爲申覆月令季春命舟

牧覆舟亟覆亟反乃告舟備古單作复傳曰荀伯不复人諸葛孔明曰韋覆而人旻中猶弃敹矞而獲珠玉也官府吏文之申請於上者曰申曰覆俚俗遂悉㠯啓請為申覆令之論子自偁卑隸故書問之辭皆曰申覆又扶又切伏藏也傳曰為三覆㠯待之又曰帥七覆亏敹肩皆謂伏兵也

覂

覂方勇切說文曰反覆也漢書曰泛駕

覈　㡀

之馬顏師古曰䨱也本作霔

覈下革切說文曰實也考事两笮邀遮其辭旻實曰覈或作覈从雨

按此說旻鑿而不通按今用於書傳者考實爲覈

與核通周禮曰其植物宜覈物

㡀說文曰敗衣也象衣敗之形从巾孫氏毗祭切李曰此字从巾八象其文故黹黻皆从之不旻爲敗衣敝壞之義

㡀之疑

黹　　黼　　黻　巿

黹爾雅曰黹紩也說文曰箴縷所紩衣从丵省象刺文也徐鉉曰丵眾多也言箴縷之工不也孫氏陟几切

黹之諧聲

黼方巨切考工記曰白與黑謂之黼

繡之象斧形亦通作斧

黻分勿切考工記曰黑與青謂之黻

巿紛勿切蔽厀也　巾上象其肩系於革

帶　希

帶韠韐市一也又作𩋡䪝亦僭用芾市與市亂故僭用芾孔氏曰祭服謂之市他謂之韠或作袚紼𧘂韍

市之象形

帶當蓋切革帶所㠯佩也市之所系也

上卌象系佩之組

希香衣切从人交象巾之疏也引之爲希少

希疏幾希別作稀僭爲希望希覬別作晞說文無希禾

帟　帛

部有稀从禾希聲徐鍇曰當从爻从巾爻者稀疏之義與爽同意巾象禾之根莖莃晞皆當从稀省何㠯言之說文無希字故也按說文偶遺希字徐氏雖爲許氏忠臣牽彊傅會亦已甚矣禾之下已象其根莖又欲㠯巾爲根莖何其贅也

巾之會意

帟 離鹽切 鄭敷仲曰幕也又酒家幟也又一吁切

巾之諧聲

帛 蒱陌切 說文曰繒也 縏繒也 或曰會意

幣　錦　布　幅

帛之龤聲

幣愽旁切裨帖也

錦居歙切織五采成文章曰錦

布愽故切織麻枲為布借為展布宣布之布因之為貨布之布取其流布也

幅方六切布帛經緯廣陿之度也又音逼傳曰帶裳幅舄又作偪記曰偪屨著綦廉成

云

幣　師　幠

曰若令行滕杜氏同

幣毗祭切帛之用於交際者曰幣錢貝因亦謂之幣

帥所醉切佩巾也亦作帨孫氏所律切康成曰拭物之巾也借爲師師帥衆之帥與率通所律切帥之者爲帥所數切

幠荒烏切巾覆也記曰輿尸亏牀幠用斂

幬

衺荒憮聲義相通皆爲冂覆之義詩云亂如此憮謂禍亂奄及也又曰昊天太憮今作憮亦此義也又曰遂荒大東爾雅引詩作憮荒憮一也

幬大到切覆冒也考工記曰轂欲幬之廉又曰幬必負幹康成曰幔轂之革也記曰天子龍輴而檮幬中庸曰如天地之無不覆幬傳曰

如天之無不幬也亦通作燾說文曰幬禪帳也孫氏直由切按鄭康成擇裯爲帳說文蓋讀幬爲裯也

幕

幕各切上覆曰幕說文曰在上曰幕又曰覆食案曰幕鄭康成曰在上曰幕或在地或展陳亏上帷幕皆吕帟爲之又音漫今之擲錢吕博戲者吕其背爲幕漢西域傳罽賓國錢文爲騎馬幕爲人面如淳曰音漫師古曰幕卽漫尒無勞偺音

帷

亏歸切帀繞曰帷說文曰圍古文又作幃說文曰囊也一曰

幄

帟

單帳

幄乙角切帷也小者也三合象室屋曰幄康成曰三合象宮室曰幄王所居帳也

帟夷益切幕也小者周官幕人掌共帷幕幄帟綬之事大喪共帷幕帟綬三公卿大夫之喪共其帟掌次設重帟重案師田則張幕又司市夫人過市罰一幕世子過市

帳　幔　㡘

罰一帟命夫過市罰一蓋命婦過市罰一

帷帷幄在旁幕帟在上也康成曰帟幕及幄中坐上承塵幄帟皆㠯繒爲之又曰帟幕之小者

帳竹諒切令人㠯寑幄爲帳又具張下

幔莫半切漫蔽也令人㠯帳冐㡘爲幔幔幕聲同又作幔說文曰衣車蓋也

㡘力兼切門簾可卷舒開闔者也說文曰帷也

亦㠯竹爲之故又作簾見竹部

常

常市羊切上衣下帬也又作裳因之爲旗常之常謂其屬幅如常也周官司常掌九旗之物名曰月爲常僭義二爲常久或曰古者有功則銘書於王之太常故因之爲常久之義爲尋常八尺爲尋倍尋爲常正義奪於僭義故衣常之常别作裳

帬　帗　幓　幡

帬渠云切裳也别作裠裙

帗分勿切周官教帗舞師而舞社稷之祭祀康成曰削五采繒爲之有秉舞者所執說文曰一幅巾也讀若撥又作翇

幓師銜切梅幅也康成曰正幅爲幓說文作縿栍梅存也

幡孚袁切幟屬今人縣帛爲幡說文曰書兒拭觚布也詩云曰既醉止威儀幡幡又曰幡幡瓠

幟

桼幡幡言其輕飄也司馬相如賦曰旅絳幡之繁蜺又作旛說文曰旛幅胡也徐鉉曰胡幅之下旅者也一曰幟也

幟職吏尺志二切旗類也漢書曰旗幟皆赤又曰人持一赤幟拔趙幟立漢赤幟字詁曰幖也司馬貞曰墨翟云幟帛長丈五廣半幅或作識或作志嵇康音試蕭該音熾

按幟所吕識也吕采帛爲之本作識志

云

幢　幘　帢　幗　幧

幢宅江切挂掐屬

幘側革切㠯帛繞額爲幘

帢苦洽切弁缺四隅曰帢又作恰帹㡌魏武㠯天下凶荒擬古皮弁裁縑帛爲帢𢆶梁㠯爲弔服

幗古或切說文新附曰婦人首飾也

幧七搖切說文新附曰斂髮也又謂爲幓司馬温公曰掠頭也令人謂之

幎　帣　幐　帒　帑

編釋名曰綃頭髮使上又作帩

幎莫狄切士喪禮幎目用緇方尺二寸

帣居倦切又去聲說文曰囊也令鹽官三斛爲一帣史記淳亏髡侍帣韝鞠䐁徐廣曰帣收衣褏也小司馬曰紀免切收褏也類篇曰橐囊有底曰帣

幐徒登切說文曰囊也

帒徒耐切囊也說文新附別作袋

帑乃都切又坦朗切說文曰金幣所藏也又與孥通

幨　幭

用

幨昌㢘切車帷常也又作𧜟既夕禮婦車有裧康成曰車裳幃也周官謂之容車記曰其輤有裧康成曰謂鼈甲邊緣又與襜通本亦作幨方言作衻又作㡜㡘

幭莫結切詩云鞹鞃淺幭毛氏曰冪式也又作篾記曰鞮屨絛篾康成曰冪笭也陸氏曰笭車闌也孫氏莫歷切說文曰蓋幭也一曰禪被又作幦莫狄切既夕禮曰薦乘

帊　幞

車鹿淺辟帍記曰君羔辟虎犆康成曰覆笭也又作𧝓周官木車綮車犬複藻車鹿淺複駹車䑆複桼車豻複鄭司農曰覆笭也說文曰辟帍髮笭也引周官駹車犬辟帍按詩稱淺幭禮稱淺辟帍淺複幭篾辟帍複實一字也

帊替駕切說文新附曰帛三幅曰帊亦作帕

幞房玉切說文新附曰帊也別作襆按令俗通用幞覆

幰 飾 帖 幝 帴

者爲帊包裹者爲幞

幰虚偃切說文新附曰車幔也

飾賞隻切說文㕞也从巾从人食聲文外讀若式一曰襐徐兩切飾爲飾飤聲飭餝皆㠯飤爲聲

帖他劦切說文曰帛書署令俗謂書曰帖

幝昌善切詩云檀車幝幝毛氏曰敝皃

帴考工記曰鮑人之事引而申之欲其直

也信之而枉則是一方緩一方急也及其用之也必自其急者先削則是㠯㮄爲帴也鄭司農曰帴讀爲翦謂㠯廣爲陿也康成曰翦者如俴淺之俴或謂如豬笋戔之戔說文曰帬也一曰帗也一曰婦人脅衣讀若末殺之殺孫氏所八切按幝帴疑一字考工記之說葢謂申之而枉緩急不相㬎則破削是欲㮄而速敝也

幩

幩符分切又叓文切詩云朱幩鑣鑣毛氏曰飾也人君㠯朱纏鑣扇汗且㠯爲飾鑣鑣盛皃說文曰馬纏鑣扇汗也按毛氏㠯朱纏

爲飾不𠯁扇汗爲幘說文葢誤仞毛說

帤　帾

帤女余切考工記弓人曰厚其帤則木堅薄其帤則需鄭司農曰謂弓中裨讀如襦有衣絮之絮說文曰巾帤也一曰敝巾

帾呼廣切考工記曰設色之工畫繢鍾匡帾鄭司農讀爲芒芒禹迹之芒帾氏湅絲說文曰設色之工治絲湅者一曰帾隔讀若荒又作⿱巟巾

幌　帡　帆　席

幌胡廣切帷屬

帡畀盈切又旁經切覆庇也揚雄曰夏屋爲之帡幪

帆笩咸切舟上幔所以馭風也別作颿又厺聲

巾之疑

席祥易切坐臥所藉也說文曰从庶省囦古文从石省徐鉉

曰席㠯禮賓客賓客非一人故从庶按此說昰曲而不通蹠摭蟅皆㠯庶爲聲遮與蔗鷓亦㠯庶爲聲

佩

㑍蒲昧切帶所繫玉及紛帨之類也說文曰从人从凡从巾佩必有巾巾林罕曰說文佩从人重巾不知罕所見何本也李陽冰曰象佩𡰪倒巾非重巾帶與帬皆不从巾文偶類尒古之貴者必佩玉別作珮

朲

巾朲鍾鼎文朲古文說文曰梳梳之通名也巾象梳

旅

杠其上注刃旁象旖旎之颺說文曰象形及象旖旎之游孫氏於幰切

㫃之會意

旅力与切師眾也周官五百人爲旅㠯人在㫃下㠯旗致民之義也說文曰从㫃从从从俱也𣃦古文古㠯爲魯衛之魯合祀五帝天神爲旅上帝徧祀山川爲旅三望祀群神於太山之下爲旅

於太山同見爲旅見徧酬隸下爲旅酬逮
實之陳呂百爲旅百周官八職一曰正治
要二曰師治凡三曰司治目亖曰旅治藪
六卿之屬皆旅下士三十有二人書稱旅
巢巢伯旅於見也周公旅天子命與東方
諸矦旅拜王命也凡此皆取於眾義也旅祀
之旅俗作祣⿰礻盧从示非侶爲行旅羇旅之旅又野禾

為旋禾古詩曰井上生旋禾亦作稆穭漢書采稆自給

旋

旋似沿切轉旋旄也說文曰周旋旌旗之指麾也从疋疋足也按旋非指麾旋以足指麾以手引之凡回旋周旋旋反皆取此古亦通作還旋之不自已為旋去聲

旄

旄莫袍切麾也古所用指麾者有羽有旄羽以鳥羽為之旄以旄牛尾為之書曰又秉白旄以麾詩云孑孑干旄亦單作毛

旗　旂

㫃之龤聲

旗渠之切熊虎為旗又為旟常之通名周官司常掌九旗之物名日月為常交龍為旂通帛為旃雜帛為物熊虎為旗鳥隼為旟龜虵為旐全羽為旞析羽為旌考工記曰熊旗六斿㠯象伐也

旂渠斤切考工記曰龍旂九斿㠯象大火

檀 㯺 梳

也說文曰㫃有眾令丂聲以令眾也

檀之焉切通帛爲檀亦作憻說文曰㫃曲柄也所以㫃表士眾借爲辤助之焉之合爲旃

㯺以諸切考工記曰鳥㯺七斿以象鶉火也

梳治小切考工記曰龜蛇四斿以象營室也

旞 旌 旍

旞徐醉切全羽爲旞或作[illegible]

旌子盈切析羽爲旌旍楚辭曰孔蓋兮翠旍一本作旌類篇合爲一字或曰旌上注令者古之公卿大夫士車行各載其旌傳曰急子使於齊壽子載其旌以先又石碏曰衛懿公惟不去其旗是以敗於熒乃內旌於弢中又曰欒鍼見子重之旌旌別旌表之義生焉

檜

捺

檜古外切傳曰檜動而鼓杜氏曰栴也說文曰建大木置石其上發機㠯追敵也引春秋傳按說文之說非

捺蒲蓋切九旗張柂之通名也爾雅曰繿梳曰捺疏曰梳末爲燕尾說文曰繿梳之旗也傳曰狐毛設二捺杜氏曰大旗也而還之又曰晉中軍風亐澤亾大捺杜氏曰旗名之𠂇栴又曰司馬庳山澤之險雖所不至必捺而疏陳之使乘車者𠂇實又僞

㠯旆先又晉平丘之會治兵建而不旆明
曰复旆之諸矦畏之又曰晉人假羽旄於
鄭明曰或旆㠯會又曰㠯兵車之旆與罕
駟兵車先陳夫大旆中軍之旆也旃物不
一旃居一馬故曰亾大旆之左旃大旆之
爲言猶大駕也大旆非一物大駕非一車
也且曰謂二旆則必非兩燕尾也建而不

旟者謂戈戟殳矛與建旌旗之杠而不旟爲若鏎兵也㢘山澤之險旟而疏陳者多張旗幟吕疑敵明非一物通謂之旟雖羽旄亦謂之旟也旟之義居可知矣

施

式支切說文曰旗皃春秋傳欒施字子旗施張也又作𢻫說文曰叓也又施知去聲切施布也易曰云行雨施施惠者曰施傳曰重施而報又

掎

吕枝切拖及也詩云葛之覃亏拖亏中谷
又曰既受帝祉拖亏孫子拖與延轂義相
通也孟子曰拖从良人之所之謂迆邐徐
迹其後也又式眂切掎拖挃掐偃靡皃也
又詩云將其來拖拖孟子曰拖拖从外來
讀如字亦拖遮切舒徐安緣皃也
旖隱綺切怩乃倚切掎抳挃掐委靡皃楚

搋

辭曰紛掎搋兮都房搋又乃可切古單作猗難子虛賦作猗柅又掎拖說見拖下

扐之疑

拵

拵夷周切旒常之流也又作㳺流省聲力求切周官玉路太常十有二拵康成曰正幅為縿拵則屬焉又為冕拵周官弁師曰諸侯之繅拵九就記曰天子玉藻十有二旒拵旒蓋一

字亦通作游傳曰鞶厲游纓說文游旇二字皆爲旌旗之流孫氏皆夷周切游从㫃汓聲按汓斿之从子倶未達說見水部

勿

勿文弗切說文曰州里所建旗象其柄有三斿或作𣃘按周官通帛爲旜襍帛爲𣃘大夫士建𣃘又曰鄉遂載𣃘鄉遂大夫士非一人也故襍帛色㠯别識之勿象襍幅之形借爲禁止之辭

六書故弟三十一

六書故弟三十二

永嘉戴侗

襍

中

中陟弓切中口而毌之中之象義也旻其中曰中㕕㱿中古文說文曰中和也从口丨上下通中中古文⿰弓又籀文鼂

說之曰林罕謂从口象三方上下通中也說文徐本皆作𠙵胎誤也李陽冰曰同異之同亦从口不从口蓋用與中皆从中而其中不从口或曰矦中也鄉⿰弓又

禮鄉矦上个亙尋中十尺倍中吕爲躬規圜而毋矢焉中之象也或曰中陟用切矢中的也當作中象矢中矦衛宏說串从卜中聲連中爲串伯曰弢吕釋算者也象形鄉弢禮鹿中髤觜足跪鑿背容八算君國中弢則皮樹中於郊則閭中於竟則虎中大夫兕中士鹿中又因之爲伯仲之中謂其居伯與季之閒也直用切

中之指事

串

串尺絹切連毌爲串說文無串字患从心上毌吅吅亦聲按患當呂串爲聲又作丳鄭敫仲曰燔肉器楚限切詩云串夷載路陸氏古患切言往來毌通也

毌

毌古換切从一衡毌毌毌之象義也說文曰穿物持之也毌象寶貨形借爲習毌之毌古患切別作慣摜遦古亦借用貫字

虜

毌之龤聲

虜郎古切。虜獲人民也。从力从毌。獲者毌而系䌟之也。又作擄。撈擄也。

人

亼三合也。指事。說文曰：三合也。从入一，象三合之形。徐鉉曰：疑但象形，非从入。孫氏秦入切。

亼之疑

僉

僉七廉切。僉猶皆也。書曰：詢謀僉同。又曰

今　會

僉曰於鯀哉說文曰皆也从从吅从从

今居音切當昔爲今既往爲昝說文曰是昔也从亼从フフ古文及

會黄外切合聚也說文曰合也从亼从曾省曾益也詩云會弁如星康成曰會謂弁之縫中飾之吕玉皪皪而處狀佀星也說文作䯤曰骨擿之可會髮者按會弁蓋裁皮韋而會合吕爲弁飾其縫吕玉如星也又古外切周官司會吕歲會考歲成謂會合

而計之也

八

八愽拔切說文曰別也象分別相北形於數七而加一爲八

八之疑

𠔁

𠔁兵削切說文曰分也从重八八別也亦聲引孝經說曰上下有𠔁

𠔁之會意

乖

乖古褱切書傳以爲乖戾乖離

公　尚　㒸　小

公古紅切無私也說文曰平也从八从厶厶音司八猶背也韓非曰背厶爲公一說八判也判厶爲公俗爲公矦之公

尚旹亮切加乎上也中庸曰衣錦尚絅孟子曰艸尚之風必偃又庻幾也說文曰曾也庻幾也从八向聲

㒸說文曰从意也从八豕聲孫氏徐醉切

小私兆切眇小也說文曰物之微也从八丨見而分之唐本从八

見而八分之鄭敷仲曰小水之微也

少

小之疑

𡮕書沼切不多也說文曰丿聲因之爲少長之少夯聲

少之[齒皆]聲

𥄉

𥄉眚說文眚視也从眉省从屮𥄉古文从囧按𥄉有二義其一爲𥄉眡所景切其一爲減𥄉

𡭔尒

所梗切疑減省爲本義从少囧聲者是也若㠯省眂爲本義从目固當从少从眉从十俱無義

𡭔子結切說文曰少也讀若輟一聲

尒兒氏切按書傳之用尒爾通爲如是之合言語曰鏗尒舍瑟記曰騷騷尒鼎鼎尒又與而汝通爲謂人之稱說文曰詞之必然也从入丨八八象气之分㪔

曾

曾昨稜作稜二切說文曰詞之舒也从八从曰囪聲按書傳之用曾與嘗聲義相近語曰曾是㠯爲孝乎孟子曰是何曾比予於是又爲曾絫記曰夏則居曾巢今作橧陸氏曰本又作增又作層說文曰重屋也楚辭曰翾飛兮翠曾古者自祖而上通謂曾祖自孫而下通謂曾孫曾絫之義也書云惟有道曾孫周王發詩云曾孫之嗇

余

曰曾孫之稼，曰曾孫篤之。毛氏凡曾孫皆目爲成王，是自王季而言也。其說已不通。維天之命祀文王詩，而曰曾孫篤之。毛氏亦目爲成王，滋不通矣。故鄭氏釋之曰：曾猶重也，自孫之子而下事先祖，皆稱曾孫。鄭說旻之。傳

曰：晉侯伐丝，禱于河曰：曾臣彪。杜氏曰：曾臣猶末臣。

葢於天地山川之久遠，皆目曾言也。又曾

㬝目曾爲氏

余目諸切。書傳余予通用，台余吾我皆自

謂之名又爲姓氏說文曰語之舒也舍省聲按金石文多作命

𤳳

畾厸力軌切說文曰厽絫坺土爲牆壁象形絫垒皆从厽靁从雨从畾象回轉形𩂩古文𩇓籀文靁閒有回回靁聲也壘从土畾聲纍从糸畾聲蘽从木藟聲櫑籀文櫑从木畾聲𤳳籀文鸓从鳥畾聲鸓籀文儡藟皆畾聲徐鉉曰說文無畾字靁从壘象回轉之形畾不成字凡从畾者皆當从靁省按說文實闕畾字而見於他字之偏旁从畾者㫖多皆言从畾而不言从靁省明畾自爲一字徐氏秖欲蓋許氏之闕遂㠯畾爲不成字誤矣按𤳳本象物之重累𤳳之省文爲畾又

省而爲田今纍皆書爲累是也𠃊卽畾之省也田如果之田而非土田之田也土田之形方果之形圜

畾之疑

疊

疊达劦切累也揚雄說古理官決罪三日旻其宜乃行之从晶从宜王莽𠯑爲从三日太盛改爲三田按揚雄之說旻曲而不通非古也疊从畾取重累之義从宜未達詩云薄言震之莫不震疊卽今

慴字

孫坔謹校

六書故弟三十二

六書故弟三十三

永嘉戴侗

疑

王

王亏方切有天下曰王帝與王一也周衰削國皆僭号自王秦有天下遂自尊爲皇帝漢有天下因秦制稱帝封同姓爲王名始亂矣

説文曰王天下所歸往也董仲舒曰三画而連其中爲王三者天地人也叄通之者王也

孔子曰一毌三爲王𠙻古文𠙻鍾鼎文李陽冰曰中画近上王者則天之義鄭𢿌仲曰𥂴王本義也象物自地而出叀𥂴也按一毌三之說本巧非孔子之言也且中画近上李氏雖曲爲之說兵未通鄭氏之說亦近或曰能一下土之謂王　王天下王𥂴

之王夻聲（俗作旺）

王之疑

皇

皇胡光切按書傳之用爲大爲君王書云惟皇作極曰皇帝淸問下民詩云皇王維

辟又曰皇皇后帝皇祖后稷皇皇皇皇皇竝鐘鼎文說文曰大也从自自始也始皇者三皇大君也自讀若鼻令俗吕始生子爲鼻子書曰張皇六師詩云神示是皇鄭氏曰皇之言暀也又曰穆穆皇皇又爲焜皇熒皇詩云皇皇者華毛氏曰猶煌煌也與煌通又爲皇暇書云不皇暇食詩云皇恤我後又作偟爾雅曰暇也又爲倉皇皇遽皇惑皇恐別作遑說文新附曰急也又作惶說文曰恐也又爲鳳

皇別作凰毛氏曰雄曰鳳雌曰皇周官舞師教皇舞鄭司農曰蒙羽舞也書或爲翌又爲馬名詩云有驈有皇孔氏曰黃白曰皇別作騜

閏

閏儒順切書云吕閏月定亖旹成歲說文曰餘分之月五歲再閏告朔之禮天子居宗廟閏月居門中从王在門中周禮曰閏月王居門中終月也

后

后胡口切於書傳爲君又借爲先後之後說文

司　臣　臦

曰謚體君也象人形施令吕告四方故厂之从一口發号者君后也

后之轉注

司息兹切有職掌也說文曰臣司事於外者从反后

臣植鄰切服事於君者也說文曰牽也事君也象屈服之形

臣之會意

臦說文曰乖也从二臣相韋讀若誑孫氏居況切

臣之龤聲

臧　民　氓　士

臧則郎切說文曰善也从臣戕聲按古自奴爲臧婢爲獲从臣義或取此𦣞文𦣞籒

民彌鄰切民猶人也說文曰𢑀古文民衆萌也从古文之象𢑀鐘鼎文

民之𪘏聲

氓武庚切氓猶民也亦作甿

士鉏里切古者三民農職耕工職器皿商職

賢與學吕治人者曰士士學古入官其最早者曰下士其次爲中士其上爲上士等而上之爲大夫爲卿爲公士之學而未仕也曰學士雖天子之元子士也說文曰事也數始於一弅於十孔子曰推一合十爲士𡈼古文

士之龤聲

壻

壻穌計切女之夫曰壻別作婿非壻而从女斷不夫矣

壯

壯則亮切人生三十曰壯說文曰大也爾雅釋曰秦晉之閒凡人之大謂之奘但朗切

丙

丙兵永切於書傳爲十曰之丙丁說文曰位南方萬物成炳然侌气初起昜气收虧从一入冂一者昜也丙承乙象人肩徐鍇曰昜功成入於冂冂門也天地侌会昜之門也鄭漁仲曰丙本魚尾象形偕爲十日之名

己

己居擬切於書傳爲十曰之戊己又爲人己之己說文曰中宮也象萬物辟藏詘形也己承戊象人腹形𢀒古文鄭漁仲曰𢀒郎

己也偕爲戊己之己又右聲傳引彼其之子其佐己

己之疑

弜　壬

弜鄭敷仲曰兩己相背即弗也按令畫皺者如此

壬如林切紾書傳爲十同之壬癸說文曰位北方会極昜生故昜曰龍戰于埜戰者接也象人褱妊之形承亥壬已子生之敍也與巫同意壬承辛象人脛脛壬體也又書云巧言令色孔壬又詩云百禮既至有壬有林毛氏曰大也鄭氏曰任也

辰

辰植鄰切書云歷象日月星辰又曰辰弗集亐房傳曰晉侯謂伯瑕多語寡人辰而莫同何謂辰曰日月之會是謂辰故㠯配日又北極爲北辰語曰辟如北辰居其所而眾星共之又大火爲大辰見曟下又爲十二辰辰巳之辰說文曰震也三月昜气動雷電振民農旹也物皆生从乙匕象芒達厂聲也辰房星天旹也从二二古文上字辰古文徐鍇曰匕音化乙屮木萌初出曲卷也徐鉉曰三月昜

六　辱

乇盛屮木生上徹於土故从上厂非聲疑亦象物之出又詩云弄旹辰牡曰辰彼碩女毛氏曰旹也

辰之疑

辱儒欲切於書傳爲汚辱煩辱月令季夏土潤辱暑說文曰恥也从寸在辰下失耕旹於封畺上戮之也辰者農旹也故房曐爲辰田候也

六力竹切數五而加一爲六說文曰易之數侌變於六

正於八从入从八

七　九　幺

七親吉切數六而加一爲七說文曰昜之正也从一微会从中衺出也

九舉有切數八而加一爲九說文曰昜之變也象屈曲究盡之形九欒鼎九晉姜鼎文

幺於堯切說文徐本曰小也象子初生蜀本曰会也重幺爲幺幺象冃昧也亦象子初成之形㠯養正也林罕引說文與蜀本同

㡭　幾

幺之會意

[㡭]說文徐本曰微也从二幺蜀本曰隱微意也从重幺者微之至也孫氏於虯切

㡭之疑

[幾]幾居衣切說文曰微也殆也从㡭从戍戍兵守也㡭而兵守者危也

按幾从戍疑本爲幾察之幾絲省聲謂戍守者當察於物色幾微之閒也周禮曰幾其出入又曰幾出入不物者又曰

幾酒謹酒此幾之本義也因之爲幾微易曰幾者動之微吉之先見者也別作僟說文曰精謹也又因之爲幾近庶幾幾希之義別作鐖爾雅曰乞也音祈又因幾近而爲幾望與冀覬同音去聲又僭爲幾何之幾上聲鄭敻仲曰古文作𢆶問數也又僭爲雕幾之幾記曰車不雕幾康成曰附纏爲圻鄂也

玄

幺之疑

玄胡涓切青黑色也易曰玄黃者天地之襍也天玄而地黃古人法天地以作服故玄冠玄衣而黃裳引其義則幽深汐穆謂之玄記曰丝之玄也以会幽恩也說文曰幽遠也黑而有赤色爲玄象幽而入覆之也玄古文按天之色曰出則青蒼曰入則玄玄天之正色也故水謂之玄酒燕謂之玄鳥玄近於青無赤色焉从入从幺未達李𦣝之

迄始有玄妙之說騖於虛無㠯誤學者所謂亂悳之言也聖人言命曰明命言悳曰明悳無玄虛之敎

兹

玄之會意

兹子之切玄變而䍜也詩云何艸不玄兹玄之昆也故从二玄縩閟曰色如艸兹者能倉公曰察之如能青之兹說文曰䍜也字林同傳曰何故使吾水滋杜氏曰滋本亦作兹又作

茲　叀

茲說文曰艸木益多也从艸兹省聲爾雅曰蓐謂之茲疏曰艸席也按益多之義當作滋从艸者言艸能而色茲也借義之用與此同玆此聲相近也

玄之諧聲

𣋡洛乎切黑也从茲省聲古通作盧書云盧弓一盧矢百又作黸

叀說文曰小謹也从幺省屮財見也屮亦聲叀古文𠁁亦古文孫氏職緣切

麽　厶　篡　白

幺之龤聲

麽芒果切說文曰細也又作𪏆漢書曰幺𪏆不及數子

厶息夷切說文曰姦衺也韓非曰倉頡作字自營為厶

厶之龤聲

篡初官切又去聲說文曰屰而奪取曰篡

白蒲陌切西方之色也說文曰西方色也会用事物色白从入合

皛　皎　皦

二二会數

皁古文

白之會意

皛烏皎切說文曰顯也讀若皎

白之龤聲

皎古了切白而有光也詩云月出皎兮說文曰月之白也又作晈从日非

皦古了切明白也孔子語魯太師樂曰纵

之純如也皦如也說文曰玉石之白也

皓

皓胡老切潔白也詩云月出皓兮又曰白石皓皓皓說文皓从日曰日出皃也

晢

晢先擊切白也說文曰人色白也

皤

皤薄波切白也易曰賁如皤如說文曰老人髮白也或作皤顈又傳曰皤其腹杜氏曰大腹也从頁

的

的都歷切白點也易曰爲的顙弓之正鵠

皪　皅　皫

因謂之的詩云發彼有的別作旳馰玓說文曰旳明也从

曰馰馬白額也旳省聲

皪落狄切的皪珠璣華蕚之粲也又作皪又歷各

切

皅普巴切說文曰艸華之白也俗作葩說文曰華也

又白駕切色不眞也又作芭楚辭曰傳芭兮代舞朱子曰芭與葩同巫所持香艸也

皫周禮曰鳥皫色而沙鳴貍康成曰失色不澤美也陸

皚　皦　皖　𡭴

氏曰本又作皫芳表筱表芳老三切徐氏又孚趙切

皚吾來切白也說文曰雪霜之白也

皦郎約切又子肖切史記曰皦然泥而不滓

皖戶版切孫愐曰明星也又地名在舒又从日戶管切按二字止當存一白之疑

𡭴起戟切說文曰際見之白也从白上下小見

㠯羊止切語卒也象聲气之出說文曰用也从反巳賈侍中說意㠯實也象形令作薏苢按令書傳之用巳止也佀象也㠯用也唐本㠯象也用也厶㠯而又人有以而無佀徐本佀象也厶人而又㠯有佀而無以李昜冰曰㠯為虵象形僭為巳止之巳反巳為㠯㠯用也巳㠯音相近而文難辨故加人於又為以用之以按巳本象虵㠯用之義何取於虵且均之从㠯从人也佀厶人何㠯為象以又人何㠯為用說皆未通說文矣从矢㠯聲語巳辭也語巳辭从矢無義按說文矣从㠯象聲气之出疑㠯本象聲气之出語卒也引其義則為卒為既為止矣卒辭之助也故从㠯矢聲㠯用之㠯僭用

㠯字後人加人爲以㠯別之也起杞圯圯上之圯苢屺异皆用㠯爲聲佀姒祀耜戺皆用巳爲聲紀記改皆用己爲聲今多諧互肥妃配圯聲相近偏旁同當自爲一字今亾其說矣

㠯之諧聲

矣

矣亏己切卒辭之助也說文曰語已辭也从矣以聲按矣之从矣無義乃从㠯矣聲也說文無以字而細注隸書所用皆作以今此當曰㠯聲而亦曰以聲明爲傳寫之譌

乃

𠄎奴亥切按書傳乃之用二其一爲謂人之

辭書曰乃言厎可績之類是也其一爲肰後之急辭書云乃命羲和此類是也公羊氏曰乃難乎而也又作迺説文曰乃曳詞之難也象气出難乎古文𠄎籀文⺄鐘鼎文𠄎李陽冰篆

乃之疑

卤

卤説文曰驚聲也从乃省卤聲𠧪籀文不省𠧪古文或曰卤往也讀若仍孫氏如乘切徐鉉曰卤非聲未詳

卣　丂　亏

卣說文曰气行皃从乃卣聲讀若攸

丂說文曰气欲舒出上礙於一也古文㠯爲亏字又㠯爲巧字孫氏苦皓切

丂之疑

亏羽俱切說文曰亏於也象气之舒亏从丂从一一者其气平之也書傳之用與於同亏眡於爲力又記曰易則易亏則亏鄭氏曰易謂臣禮亏謂君禮莊周曰其覺亏

亏

虧　兮　乎

亏之諧聲

虧驅爲切書傳之用爲虧損說文曰气損也或作虧从兮

兮胡雞切於詩爲辭助說文語所稽也从丂八象气越亏也

兮之疑

乎戶吳切書傳之用爲疑辭之助又與於亏通用又荒乎切與呼通用說文曰語之餘

也从丂象聲
上越揚之形

乎　⿱旬丂

乎蒲兵毗連二切書傳之用為衡乎說文曰語乎舒也从丂从八八分也爰禮說乎古文又坪地乎也按乎辭之不乎者故乎之上須而乎之上乎从亐从八恐非引之為乎議乎決別作評

⿱旬丂說文曰驚辭也从丂旬聲或作惸孫氏恩允切又須倫切按今用為惸獨之惸與煢通用渠營切

羲　甹　粤　入

羲虛羈切說文曰气也古伏羲氏亦作包犧

甹說文曰亟詞也从由或曰甹俠也三輔謂輕財者爲甹按甹鍾鼎文甹从丁疑从由丁聲孫氏普丁切

粤王伐切書傳之用爲發語辭書云曰若稽古文曰作粤與曰越通用漢書越多作粤說文曰亏也審愼之辭从亏从宷

入人汁切由外而入内也說文曰象从上俱下也

𠓜　㒳

入之會意

𠓜說文曰二入也㒳从此孫氏良奬切

𠓜之疑

㒳良奬切耦也二數也又作兩說文曰㒳再也从门闕易曰參天㒳地兩二十三銖也从一㒳兮分㒳亦聲孫氏𠓜㒳兩一音凡物㠯兩疑者曰兩車必兩輪屨必兩枚幣必兩端皆㠯兩數力讓切別作緉說文曰

㒼　內

纆兩枚也又爲斤兩之兩古㠯二十三銖爲
兩又偕爲网兩之兩傳曰木石之怪夔
网兩通作方良別作魍魎

㒳之疑

㒼說文曰平也从廿五行之數二十分爲一辰㒳㒼平也讀若蠻

入之疑

內奴對切居裏曰內入之於內曰內內諾荅

切說文曰入也从门自外而入也

仝

仝疾緣切又作全从玉純玉爲全書傳之用爲完爲純考工記曰玉天子用全上公用龍侯用瓚伯用將說文曰完也从工仝篆文𠓛古文

卯

卯亻說文曰事之制也从卩ㄙ唐本曰反卩爲孫氏傒切則林罕曰卩止ㄙ進也孫氏曰去京切

卯之疑

鄉

長

卿去京切古爲爵名公之次卿卿之次大夫大夫之下士說文曰章也皀聲

長直良切書傳之用爲長短之長引之爲久長度之甚長曰長右聲語曰長一身有半因之爲餘羨之義又因之爲長少知丈切說文曰長久遠也从兀从匕兀者高遠意也久則變匕亾聲𠂆倒亾也𠑹𠑷夶古文李陽冰曰反亾者不亾也

平八十

克

克苦㝵切書傳之用爲勝爲能引之爲克敵之克說文曰肩也象屋下刻木之形亨求𡭊古文又作勊說文曰尣極也俗又作剋又引之爲忌克

凡

凡浮咸切通疑之曰凡說文曰最括也从二二耦也从乃乃古文及林罕曰凡乃疑事之端从乃从一非从二从乃

幵

幵說文曰平也象二干對冓上平也孫氏古賢切徐鉉曰幵但象物平音義闕

弗

弗分勿切書傳之用與不勿匪近弗在不與

乚　直

勿之閒不弗匪𣪠相遹也說文曰撟也从丿从乚从韋省伯曰卽紼也象形或曰从八或曰八𣪠

乚說文曰匿也象迟曲隱蔽形讀若隱李陽冰曰乚正身曲足形

乚之疑

直除力切不曲也說文曰正見也从乚从十从目徐鍇曰乚隱也十目所見是直也㮣古文相直爲直除吏切文曰措也别作值說

直之會意

亾　乍

矗初六直六二切 孫愐曰直皃類篇曰艸木盛也

亾武方切書傳亾用爲失亾爲能亾逃亾又武夫切與無通古書無皆作亾 說文曰逃也从入从乚

亾之疑

乍鉏駕切今俗通用其義近於𨐌 說文曰止也一曰亾也从亾从一李陽冰曰从亾㝵一曰乍忽然事也徐鍇曰出亾㝵一

則止輊止也

無

𣞤武夫切亾有也說文曰亾也𣞤聲丆奇字无通於元者虛無道也王育曰天屈西北為无也按古無字皆作亾無亦从亾𣞤聲无通於元其說非周易無皆作无老莊之徒所改

匃

匃古代切乞貸也說文曰乞也逯安說亾人為匃

氏

氏承旨切古者同姓之別曰氏魯無駭卒隱公問氏於眾仲眾仲曰天子建悳因生曰賜

姓胙之土而命之氏諸侯以字爲謚因以爲族官有世功則有官族邑亦如之公命以字爲展氏氏族之别也宗族之法亂令皆以氏爲姓矣說文曰巴蜀山名厈脅之旁箸欲落墮者曰氏氏旁聞數百里象形乀聲揚雄賦曰響若氏隤按山或以氏名不可知爲厈脅之旁箸之文則不然　又章移切匈奴之妃曰閼氏

氏之屬

氐　氒　爲

氐丁禮切木之命根曰氐从一象地氏聲二十八次之氐星又謂之本又謂之天根是也說文曰至也从氏下箸一一地也別作柢借爲氐羌之氐

都奚切

氒說文曰木本也从氏大於末讀若厥蜀本作大於本

爲亏嬀切書傳之用爲作爲說文曰母猴也其爲禽好爪爪母猴象也下腹爲母猴形王育曰爪象形𤓷古文象兩母猴相對形又右聲

釆　番

釆説文曰辨別也象獸指爪分別也乎古文孫氏蒲莧切

釆之疑

番附袁切説文曰獸足謂之番从釆田象其掌𤲨古文或作蹞又作蹯見足部又愽禾切書云番番良士詩云申伯番番

番爾雅曰勇也毛氏曰武勇皃孔氏説同按書云番番良士旅力旣愆旅力旣愆何言兮勇武此説非也又蒲何切番陽縣名在番水之陽令作鄱又普官切番禺南中縣名又孚

袁切分輩叓迭也一輩爲一番厺聲

宷

𡨸式荏切審諦也說文曰悉也知宷諦也審篆文从番徐鍇曰宀覆也包覆而深別之宷悉也

悉

悉息七切說文曰詳盡也古文

乙

乙於筆切說文有兩乙其一曰玄鳥也亝魯謂之乙取其鳴聲象形或作鳦孫氏烏轄切其二曰象春艸木寃曲而出侌气尚彊其出乙乙也與丨同意乙承甲象人頸孫氏於筆切鄭魰仲曰象負鰓骨記曰負太乙按函从乙則乙佀爲鳥之象肰乳孔乾亂

皆从乙又不可曉燕鳴亦若曰意而無烏鶾之聲孫氏彊分二音非也偺爲十日之甲乙

乙之疑

孔

孔苦董切春秋鄭公子嘉字子孔孔佀訓嘉然詩云其新孔嘉曰亦孔之嘉曰辰牡孔碩詩之用其義皆爲甚說文曰通也从子乙請子之候烏也乙至而㝵子嘉美之也

乾　乳

乾渠焉切在周易三易爲乾乾有健義易曰君子㫠曰乾乾又古寒切令人用爲乾燥之乾說文曰上出也从甲乙之乙乙物之達也

乳尒主切禽鳥生子曰乳故从孚月令季冬雉雊雞乳婦人乳湩因謂之乳亦作月象乳湩形說文曰人及鳥生子曰乳獸曰産从孚从乙乙者玄鳥也月令玄鳥至之日祠亏高禖㠯請子故从乙請子必㠯乙至之日者乙𡗜分來秋分去開

亂　彔　之

生之傒鳥帝少昊司分之官也按楚人謂乳𣪊奴口切令人謂乳㚷奴蟹切𣪊㚷皆乳字一聲之轉故幽人謂母㚷乳媪因亦謂之㚷皆俗書也

𤔔郎段切令書傳通以此爲𤔔亂之亂亦以爲治字說具𤔔下說文曰治也从甲乙之乙乙治之也从𤔔

彔盧谷切說文曰刻木彔彔也象形李陽冰曰水彔彔皃象水下泝與泰𣲖字同按說文𤬽孫氏房六切从彔彔籀文魅字彔字上類虍下類尾疑本象獸物

㞢止而切書傳之用之往也又借爲辭助說文

帀　師

曰出也象屮過中攴莖益大有所之一者地也李陽冰曰又一義象芝屮出地之形古㠯此爲芝字鄭敷仲之說同

之之疑

帀子荅切說文曰周也从反之而帀也周盛說李陽冰曰之往也倒而還之既往夏還周徧之義也

帀之疑

師疏夷切周官二千五百人爲師易曰

師眾也書云師錫帝又曰震驚朕師王者所居因曰京師又爲師承師弟子敎人者爲之師也周禮曰師吕賢㝵民又爲官師周官八職一曰正二曰師師掌官成吕治凡說文曰二千五百人爲師从帀从𠂤𠂤亖帀眾意也𠦒古文

而

而如之切書傳之用爲辭助又考工記曰梓

人爲笱虡凡矍䍐㚘筮之類必深其爪出其目作其鱗之而說文曰頰毛也象毛形康成曰而頰頌也說文曰頌孫氏苦骨切禿也徐鉉曰俗作鬚非按而初無頰毛之象且鱗之而又非頰毛疑非制字之本義伯曰之而皆菌類令作芝栭芝庢亏地故其形仰栭附木生故其形俯

而之屬

耏如之切旾秋旹宋人呂門賞耏班謂之耏門

耐奴代切說文曰耏罪不至髡也或作耐从寸諸法度字从寸

漢書曰耐罪已上請之又曰罪當刑及當爲城旦舂者皆耐爲鬼薪白粲應劭曰輕罪不至髡完其耏鬢故曰耏古耐字从彡髮膚之意也杜林謂法度字皆从寸後改如是也耐讀若能如淳曰耐猶任也顔師古曰耏頰旁毛也彡毛髮皃也如應氏說當音而如杜氏說音奴代切　功臣表宣曲矦通耏爲鬼薪應說爲長孫氏耏耐皆奴代切按春秋旹未有耏罪已有耏班說文之說非耏之本義也書傳中能耐二字通用記曰聖人耐以天下爲一家耏與耐當爲二字耏當音而耐當音奴代切

耑

耑　說文曰物初生之題也上象生形下象其根也徐鍇曰中一地也孫氏多官切

不

不（篆）方亏切詩云常棣之咢鄂不韡韡康成曰承咢者曰鄂不當作柎柎鄂足也鄭敷仲曰不象咢蕚蒂之形易曰震爲旉王肅曰咢之通名鋪爲咢皃謂之藪又方鳩方九旉勿希漫三切爲不可之不爲可不肰不之不亦作否說文曰不鳥飛上翔不下來也从一一猶天也否不也从口从不不亦聲又旉悲切通爲丕字書云丕顯哉文王謨丕承哉武王烈詩云不顯不承勗駟曰詩中不顯之類皆當讀如丕秦和鍾銘曰不顯皇祖詛楚文曰不

顯大沈久湫不顯大神巫咸不顯大神亞駝此最可證者

丵　業

丵說文曰叢生艸也象丵嶽相竝出也讀若浞

丵

業負怯切書傳之用爲功業事業所執之職務也爲業業危懼之皃也書云兢兢業業又爲虡業詩云虡業維樅毛氏曰大版也所吕飾栒爲縣也捷業如鋸齒或曰畫之說文曰吕白畫之从丵象其鉏鋙相承从巾象其版

疑古文

業　叢　𢿌

菐說文曰瀆菐也从収収亦聲徐鉉曰讀爲煩瀆之瀆一本注云丵衆多也兩手奉之是煩瀆也孫氏蒲沃切

叢徂宗切書傳之用爲艸木叢生易曰寘于叢棘孟子曰爲叢毆爵者鸇也書云怨有同是叢于厥身說文曰聚也取聲又作藂䕺說文藂艸叢生皃

𢿌都隊切書傳之用爲相當𢿌又爲荅𢿌

說文曰應無方也从丵从口从寸又作對从士漢文帝以爲責對而爲言多非誠故去其口从士

尸

尸式脂切按經傳尸之義主也書曰太康尸位又曰羲和尸厥官詩云誰其尸之有齊季女凡祭祀者立之尸以依神禮曰孫可以爲王父尸又曰男男尸女女尸人能骸體亦謂之尸記曰在棺曰柩在牀曰尸屍别作有罪者

肆其尸於市韓傳曰殺之尸諸韓故又有陳義說文曰尸陳也象臥形凡尸之屬皆从尸按字之从尸有爲室屋者若屋若屚是也有爲人後者若尻若屎是也又有爲履爲屨之類者爲室屋者疑从广之譌爲尻爲屎者从人省爲履爲屨者不可曉

尸之會意

屚

屚盧候切說文曰屋穿雨水下也說文曰从雨在尸下尸者屋也又作漏

屛

尸之龤聲

屛旁經切觀禮諸侯覲出自屛南適門西

記曰疏屛天子之廟飾也說文曰屛蔽也康成曰天子外屛屛謂之樹今浮思也刻之為雲气蟲獸如今闕上為之矣因之為藩

屛屛蔽之義必郢切詩云萬邦之屛之屛

之翰因之為屛遠屛除屛置書曰屛辟與

主記曰屛之遠方大學作迸因之為隱僻別作屛說

文曰僻寠也徐鍇曰僻処也按屛从尸無義當作屛見广部

屆

屆古拜古詣二切至也書云無遠弗屆詩云君子如屆又曰辟彼舟流不知所屆說文曰行不便也凷聲一曰極也

尼

尼女夷切孔子名丘字尼說文曰从後近之匕聲又作𡰥說文曰反頂受水丘按此葢緣說者謂仲尼朽眥便會厺文孟子曰止或尼之乃禮女質二切

屠　屢　孱　屑

屠同都切刳剝畜牲也

屢浪遇切頻數也說文新附曰數也屢空本作婁後人加尸未詳

孱趙貫高曰吾王孱王也孟康曰冀州人謂愞弱爲孱孱說文曰迮也一曰呻吟也从孨在尸下徐鉉曰尸者屋也顧野王曰不肖也士連切又劣皃士山切又孱陵古縣士限切

屑私削切𧴪屑也周官共食玉鄭司農曰食玉屑

傳曰屑屑焉習儀以亟孟子曰蹴爾而與

屖　展

之气人不屑也說文曰動作切切也又作僁僁說文曰聲也讀若屑

屖說文曰遟也孫氏先稽切

屒知衍切舒布也說文曰轉也傳曰敍展布之聘禮曰史讀書展幣謂更陳其幣也因之爲展省聘禮拭圭執展之拭璧展之展夫人之聘言亦如之又詩云展矣君子又曰展如之人兮毛氏皆曰誠也又曰允矣君子展也

大戌毛氏曰允信也㞞誠也按㞞㞞無誠義毛氏緣詩曲說㠯爲誠詩云允矣君子不懲又言誠也大戌

尸之疑

屋烏谷切棟宇曰屋說文曰居也从尸尸所主也一曰尸象屋形从至至所至止室屋皆从至𡱜籒文𡱂古文

屨良止切屨也因之爲踐履說文曰足所依也从尸从彳从夂舟象履形一曰尸聲𩑶古文

屨　屩　屐　屣

履之諧聲

屨九遇切履之精疏通曰屨說文履也一曰鞮也

屩居勺切疏屨也通作蹻

屐奇逆切履下有齒曰屐說文曰屩也通作跂莊周曰墨翟己跂蹻爲服李氏曰木曰屐麻曰屩

屣所履切履不跟也鄭敷仲曰屣不躡跟也通作蹝躧縰孟子曰舜眡弃天下猶弃敝蹝

屧　尺　咫

也莊周曰曳縱而歌商頌

屧穌劦切又作屟說文曰履中薦也類篇又他計切後人吕此爲屧

尺昌石切十寸爲尺說文曰人手卻十分動脈爲寸口十寸爲尺尺所吕指尺規巨事也从尸从乙乙所識也周制寸尺咫尋常仞諸度皆吕人體爲法

尺之龤韾

咫諸氏切說文曰中婦人手長八寸曰咫或作𡰮

㞋

㞋說文曰柔皮也从申尸之後尸或从又徐鉉曰注似闕脫未詳孫氏人善切按輾㠯此爲聲

疒

疒秦悉切孫氏女尼切說文曰倚也人有疾病象倚著之形今作疾

說文曰病也矢聲孫氏秦悉切𤵵古文𤕫籀文按疾病倚著形其說是章疆矢亦與疾聲不龤疑从林省一聲即疾病之疾言其寢疾也㠯容偏旁故省其木疾从矢疒聲乃矢之凡疾也詳見矢部

疒之會意

伯

疢 病 痛 痠 痡

疢丑刃切說文曰熱病也从火詩云疢如疾首傳曰美疢不如惡石

疒匕鍇聲

病皮命切疾甚也

痛他貢切義不待釋

痠迲登切痛也又迲矣切

痡奔胡普胡二切書云毒痡四海詩云我

瘏　瘥　疧

僕痡矣疲病也

瘏同都切詩云我馬瘏矣又曰予口卒瘏毛氏曰病也

瘥才佗切詩云天方薦瘥毛氏曰病也說文以爲瘥字瘉也非傳曰札瘥夭昬杜氏曰大死曰札小疫曰瘥非

疧武巾切又上聲詩云無將大車祇自塵兮無思百憂祇自疧兮今本作疧按疧與塵劦非疧也民之

疷　瘼　瘝

譌為氏者多矣又作痻詩云多我覯痻毛氏曰病也

疷章移祁支二切詩云之子之遠俾我疷兮毛氏曰病也又都禮切

瘼莫各切詩云亂離瘼矣又曰瘼此下民毛氏曰病也

瘝姑頑切書云恫瘝乃身又曰若旹瘝厥官孔氏曰病也

癠　痗　痯　瘵　瘨

癠才細切記曰親癠色容不盛爾雅曰病也

痗虖每切詩云使我心痗又曰悠悠我里亦孔之痗毛氏曰痗病也

痯古緩切詩云三壯痯痯爾雅曰病也毛氏曰罷皃

瘵側介切勞病也詩云無自瘵焉又曰士民其瘵

瘨都季切詩云胡寧瘨我㠯旱又曰瘨我

㾋　痾　㾓

鐖鏜毛氏曰病也

㾋勇主切詩云父母生我胡俾我㾋又云不令兄弟交相爲㾋毛氏曰病也說文曰病瘳也

痾於何切五行傳曰及六畜謂之旤及人民謂之痾痾病皃言瀀浨也又作疴說文病也

㾓烏沿切素問曰痿厥腨㾓王冰曰酸痠也削子曰心㾓體煩類篇曰骨酸也

痟　疫　瘧　痁　痎　癉

痟相邀切周官曰春時有痟首疾說文曰酸痟頭痛康成曰酸削也

疫營隻切眚疾流行也役省聲

瘧魚約切說文曰病寒熱休作也

痁失廉切說文曰熱瘧也

痎古諧切說文曰瘧二日一發也亦作⿸疒皆

癉當但切素問曰消癉伏熱也又曰癉成

王

消中王冰曰溼熱也又癉瘧但熱不寒書云章譱癉惡孔氏訓病詩云下民卒癉爾雅作𤺺毛氏曰病也傳曰荀偃癉疽生瘍於頭杜氏曰癉疽惡創

痙

痙矩井切說文曰彊急也醫書呂中寒溼發熱惡寒頸項彊急身反張如中風狀或掣縱口噤爲痓有汗爲柔痓爲会痓無汗爲剛痓爲昜痓且曰痓亦作痙考之說文

癇　痱　痹　⿸疒帬　疚

合之吕聲痓乃痙之譌當定爲痙

癇何閒切病忽掣縱人顛欬也

痱筏非切風腫也賈誼曰辟者一面病痱者一方痛

痹必至切病肌肉痲木也說文曰溼病也或作疧

⿸疒帬渠云切痹也

疚居又切病也

痀　　瘈　　痿

痀其俱切說文曰曲脊也莊周曰見痀僂者又妥禹其禹居具三切疑即傴字

瘈尺去切又征例切傳曰國人逐瘈狗又曰國狗之瘈無不噬也杜氏曰瘈狂也又作猘狾瘛又掣縱亦作瘈瘲

痿於危切萎弱也與萎通說文曰痹也一曰兩足相及按痿乃萎弱醫書有五痿又有脉痿会痿皆萎弱也

瘇　痰　癖　癥　瘕

瘇豎勇切賈誼曰天下之勢方病大瘇一脛之大幾如要一指之大幾如股說文曰脛气足腫引詩旣微且瘇瘇籀文又見尰下

痰辻曰切次液之停積稠黏者古通作淡

癖匹歷切脅下停水也說具僻下

癥知澄切瘕居牙切腹中積塊也堅者曰癥有物形曰瘕

王

痃 疝 癃 㿉 疸 瘀 𤵸

痃胡千切癖積弦急也亦單作弦

疝所晏切又去聲寒气入腹絞刺痛有形也

癃良中切罷病也淋疾本亦謂之癃𤺋籀文

㿉达回切会病腫脹攻刺也又作㿗

疸黨旱切又去聲黃病也或通作癉

瘀依據切血淤積不行也通作淤

𤵸所禁切又疏臻所錦二切噤𤵸感寒健忍之狀

⿰歹尤

⿰歹留

⿰歹嬰

也說文曰寒病也孟郊詩磔毛各禁瘁又作㾕讀音荏者非

⿰歹尤羽求切縣⿰歹尤贅無用之肉也又作肬⿰歹尤之小者曰⿰歹尤目俗謂之瘊子

⿰歹留力求切又去聲血气留底流聚為⿰歹留醫書言⿰歹留有六肉⿰歹留骨⿰歹留脂⿰歹留膿⿰歹留血⿰歹留气⿰歹留肉⿰歹留⿰歹尤也不可決決之殺人

⿰歹嬰於郢切⿰歹留著肩項擁腫曰⿰歹嬰

瘰　癧　癙　瘻

瘰魯戈切又魯猥切癧狼擊切瘰癧瘍繞頸項

絫絫也

癙賞呂切瘍創也淮南子曰貍頭愈癙詩

曰癙憂以痒毛氏曰癙痒皆病也按癙當作鼠鼠伏獸鼠憂幽憂也兩

無正曰鼠思泣血正此義也

瘻盧侯切說文頸腫也按此當作扁扁瘺不止一処瘻瘺不差久則潰扁

所謂頸腫者邪亦通作螻周官馬黑脊而班臂螻內則作扁乃扁瘺鄭氏曲說非也

瘍　疕　癰　疽

瘍與章切周官瘍醫掌腫瘍潰瘍金瘍折瘍之祝藥劀殺之齊記曰頭有創則沐身有瘍則浴疕畀履切周官凡疕瘍者造於醫師又匹履芳夷二切說文曰疕頭瘍也瘍頭創也康成曰疕頭瘍亦謂禿也身傷曰瘍按古通謂之瘍今俗通謂之創鄭說蓋近是

癰於容切疽子余切又七余切瘍之邕聚爲盥腫者曰癰癰邕也深者曰疽疽古單作邕且

令人又㠯煬之小者爲節乞節而爲煬也俗作癤

瘭

瘭必妙切又畀遙匹妙二切千金方曰肉中忽生點大者如豆細者如黍粟劇者如梅李有根痛殤應心久則四面腫泡熟爛壞筋骨逐脉入藏者能名曰瘭殂南人名曰搨著毒通作漂莊周曰漂殂疥邕亦通作熛

㾫

㾫紕延切千金方曰㾫病者喜發三叉其

瘑　痔　瘯

狀奈衇起如編繩急痛壯熱說文曰半枯也

瘑古彎古禾二切又作⿸疒瓜千金方曰瘑創初作如肥創喜著手足常相對生隨月生

疕痛痒瘙削類篇曰春發爲熒⿸疒瓜秋發爲瘑⿸疒瓜

痔直里切肛閒疾也

瘯千木切傳曰不疾瘯蠡瘯蓋从生⿸疒瓜類是也蠡則緣生癬類是也說文瘯單作族

癬　疥　㾢　疹

癬息淺切癬緣皮膚生有蟲攻其閒其類不一又作癬說文曰癬乾瘍也

疥古拜切㾢郎到切周禮曰夏皆有癢疥瘍之細者徧肌膚搔癢今謂之疥㾢也說文曰𩏂鮮謂藥毒曰㾢疥搔也又作𤸷

疹止忍切膚創隱軫如麻㬎也俗謂之麻又風搔隱疹其類不一又見胗下隱俗作癮

痤　疿　痒

痤昨禾切。褻問曰汗出見溼乃生痤疿。說文曰小腫也。一曰族絫。

疿方吠切。汗出遇溼膚胗如沸也。

痒㠯掌切。膚癢欲搔也。又作癢。記曰痒不敢搔。說文曰蛘搔蛘也。从虫。痒又余章切。詩云哀我小心鼠憂㠯痒。又曰降此蟊賊稼穡卒痒。毛氏曰病也。

王

瘃　疻　痏　瘴

瘃陟玉切說文曰中寒腫覈文穎曰寒創也漢書曰手足皸瘃

疻諸氏切痏榮美切漢書曰遇人不以義而見疻者與痏人之罪鈞惡不直也說文曰痏疻痏也應劭曰以丈與手毆人剝其皮膚青黑而無瘢痕者律謂之疻痏類篇曰疻血腫也

瘴之亮切山海之厲气中者輒病曰瘴本

亦作障

瘐 疲 瘁 瘠 瘦 痂

瘐容朱切又上聲漢律囚吕飢寒死曰瘐

疲蒲麋切病憊也古通作罷

瘁秦醉切瘁病顦顇也又作顇見頁部

瘠秦昔切瘦削也說文作膌

瘦所又切病肌肉消減也

痂其加古牙二切創弇也

瘢 痕 疵 癡 療 瘳 痊

瘢 薄官切創跡也說文曰痍也

痕 胡根切瘢餘跡也

疵 疾移切瑕也又病也孫愐曰罴病

癡 丑之切愚無知也又作𪾶說文曰騃也

療 力照切治病也又作𤻲說文曰治也

瘳 敕鳩切病已也

痊 逡緣切瘳也古無此字瘳痊蓋一聲

凶

㐫凶許容切於書傳能害爲凶凶與吉對說文曰惡也象地穿交陷其中也

亞

亞亞衣架切書傳之用長之次爲亞又爲因亞令俗通㠯爲馮亞說文曰醜也象人局背之形賈侍中說㠯爲次弟也

由

由由㠯州切書傳之用爲由从人語曰觀其所由曰誰能出不由戶何莫由斯道也引之爲因

由又與猶通說文無由字甹木生條也从弓由聲引書顛木之有甹枿古文言由枿徐鍇曰今書作由枿蘖古文省弓从弓上象枝條甹圅之形後人因用省文吕爲因由等字按說文油由聲抽怞由聲柚宙袖岫皆由聲胅迪笛則皆諧辻歷切軸舳則皆諧直六切說文又甹亟詞也从丂从由皆未詳又見軸下

良

㒵吕張切書傳所用其義爲良善爲易良說文曰从富省亾聲徐鍇曰㒵也目㠯㒵皆古文

亹

亹亹莫匪切易曰成天下之亹亹詩云亹亹文

王記曰天旹雨澤君子達亹亹焉亹亹勉勉不已之皃也徐鉉曰字書所無不知所从當作娓詩鳧鷖在亹與釁劦陸氏讀音門毛氏曰山絕水也

肸

肸羲乙切羊舌肸字向說文[illegible]希也从十从𦙍徐鉉曰𦙍振𦙍也

卞

卞下皮變切書云率循大卞蔡氏曰卞法也又傳邾莊公卞急而好潔杜氏曰躁疾也又爲邑名

孫夆謹校

六書故弟三十三

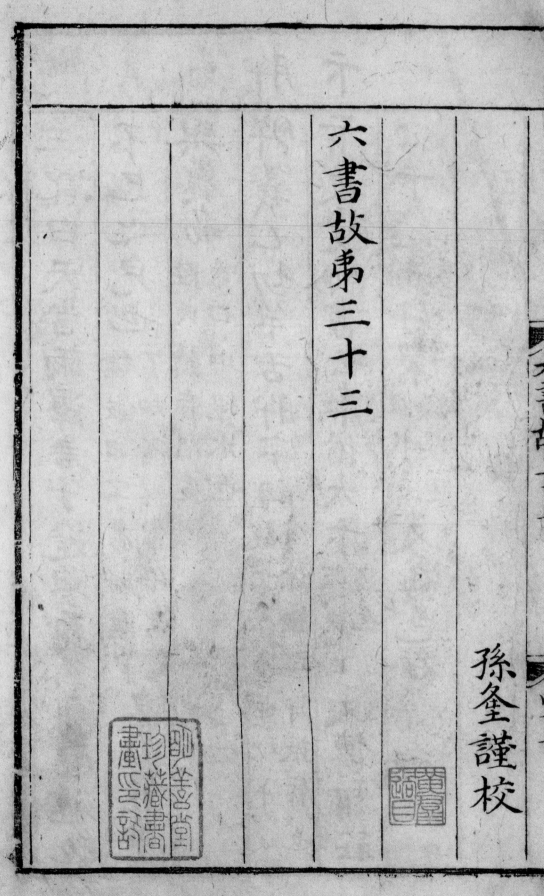